우리아이의 열린미래를 위한

홈스쿨 독서록 쓰기

홈스쿨 독서록 쓰기

1판 1쇄 인쇄 | 2010년 7월 10일
1판 2쇄 발행 | 2010년 8월 16일

글 | 김순례
삽화 | 유미정

펴낸이 | 이경은
사업총괄 | 장성원
디자인 | 배성윤, 박연지
교정 | 이선영
관리 | 전영주

펴낸곳 | 파인앤굿엔터테인먼트㈜
등록번호 | 제313-2004-000102호
등록일자 | 2004년 4월 26일
주소 | 서울특별시 구로구 구로5동 104-8 아이북랜드빌딩 3층
전화 | 02-852-2031
팩스 | 02-852-2032

ISBN 978-89-93577-10-5 (13590)

Copyright (c) 2010 by f&g. All rights reserved.
First edition printed 2010. Printed in Korea
이 책을 무단 복제, 전재하는 것은 저작권법에 저촉됩니다.
잘못된 책은 구매하신 서점에서 교환해 드립니다.

우리아이의 열린미래를 위한

홈스쿨 독서록 쓰기

f&g 파인앤굿

| 프롤로그 |

독서노트는 광합성을 돕는 햇볕과 같아요!

학교 숙제 중에 독서감상문 쓰기는 초등학교는 물론 고등학교까지 쭉 이어집니다. 그만큼 독서 후의 기록이 중요하다는 의미입니다. 책을 많이 읽으면 공부도 잘하게 되고 말도 잘하게 됩니다. 공부 잘하는 친구들을 유심히 살펴보면 대부분 책을 끼고 살 거예요. 그런데 책을 읽기만 하고 책꽂이에 꽂아 둔다면 책 내용을 금방 잊어버리게 된답니다.

식물은 햇볕, 물, 이산화탄소를 이용해 광합성 작용을 하여 쑥쑥 자랍니다. 우리 몸은 음식을 골고루 먹고 소화를 잘 시키면 쑥쑥 자랍니다. 그런데 아이들의 몸만 자라고 정신이 자라지 않으면 어떻게 될까요? 그래서 아이들에게 책을 많이 읽혀야 하는 겁니다. 그런데 책을 읽기만 하고 기록하지 않으면 음식을 먹기만 하고 소화를 시키지 못하는 것과 똑같아요. 소화를 시키지 못하면 키도 자라지 않고 몸이 아파서 병원에 가야 할지도 모릅니다. 아이들이 책을 읽고 나면 반드시 독서노트에 기록하도록 해야 신체와 정신이 골고루 쑥쑥 자라나게 됩니다. 정신은 만질 수도 없고 보이지도 않지만 얼마나 자랐는지 느낄 수는 있습니다.

　책을 읽고 기록으로 남기는 이유는 남에게 보여 주기 위한 것이 아닙니다. 독서 노트를 작성해 두면 읽은 책의 내용과 느낌을 오랫동안 기억할 수 있습니다. 우리가 어딘가 놀러 가서 사진을 찍어 두면 두고두고 그때의 추억을 떠올려 보면서 기억할 수 있지만, 그렇지 않다면 머릿속 기억이 흐릿해지고 말 거예요.

　책도 마찬가지입니다. 아이들은 책을 읽은 뒤 글로 정리해 나가는 과정에서 이런저런 생각을 하게 됩니다.

　'어떤 내용을 적을까?'

　'어떻게 적을까?'

　'그때 주인공은 어떤 심정이었을까?'

　아이들의 작은 머리로 생각할 게 한두 가지가 아니네요. 그러니 글로 남기면 생각이 깊고 넓어지는 것은 당연하지요. 글로 쓸 때는 중요한 부분을 찾아내어 간단하게 적으면 됩니다. 그러다 보면 요약하는 힘이 저절로 길러집니다.

　또한 자기의 생각을 적어 나가는 중에 알게 모르게 아름다운 마음이 자라게 된답니다. 자신의 안 좋은 점을 앞으로 긍정적인 방향으로 바꿔야겠다는 마음을 먹게 되거든요. 그러니 아이들이 책 한 권을 다 읽었다고 해서 "잘했다!" 하고는 그냥 놔두면 안 됩니다. 반드시 글이나 그림으로 남겨야 합니다.

　기록된 것과 기록되지 않은 것은 엄청나게 가치 차이가 난답니다. 인류가 살아온 길은 아주 오래되었지만 기록되지 않은 것은 우리가 역사라는 말보다는 선사시대라고 뭉뚱그려 말해요. 기록이 되어야 비로소 가치가 있어지듯이 우리 아이의 독서 이력도 마찬가지죠. 읽은 책을 기록으로 남기면 아이들의 사고가 한 번 더 정리되고 흔적이 되어 자신의 꿈을 펼치는 데 많은 도움이 될 것입니다.

'구슬이 서 말이라도 꿰어야 보배'라는 말이 있습니다. 한 알씩 돌아다니는 구슬은 버려지기 십상이죠. 아이들 스스로 한 알 한 알 모아서 멋진 작품을 만들 수 있도록 도와주어야 합니다. 구슬이 서 말이나 있어도 꿰지 않으면 쓸모없거든요. 꿰어서 목걸이도 만들고 반지도 만들고 머리핀도 만들어 보도록 해야 합니다.

그렇다면 아이들이 독서 이력을 남겨 두는 방법에는 어떤 것들이 있을까요?

이 책을 읽으면서 하나둘 따라하다 보면 어려울 거 하나도 없습니다. 이 책은 독후활동을 어떻게 하면 되는지, 원고지는 어떻게 쓰면 되는지 등등 궁금한 게 너무 많은 어린이들과 부모님을 위해 탄생한 책이니까요.

제1장에서는 쉽고 즐겁게 할 수 있는 독후활동들에 대해 이야기해 두었습니다. 책을 읽고 갈래별 글쓰기를 할 수도 있게 꾸며 놓았어요. 친구들이 쓴 글을 먼저 읽고 그것을 참고해서 아이들의 생각을 펼쳐 보게 하면 됩니다.

제2장과 3장에는 독서감상문 쓰는 법을 자세하게 다루었습니다. 골치 아픈 독서감상문 숙제, 이제 문제없어요.

제4장에는 어렵게만 생각되었던 원고지 쓰는 방법과 글을 고칠 때 필요한 교정부

호에 대해 설명해 두었습니다. 원고지 쓰기의 달인이 되는 것도 이제 문제없어요.

아이들에게 독후활동이 더 이상 재미없고 따분한 게 아니란 걸 이해시키는 일이 가장 먼저 해야 할 일입니다. 아이들이 신나고 재미나게 독서노트를 작성할 수 있도록 부모님이나 선생님은 항상 즐거운 기분으로 가르쳐야 할 것입니다. 이 책을 처음부터 하나하나 따라하다 보면 자신만의 멋진 독서 이력철을 갖게 될 것임을 꼭 알려 주세요.

그동안 저랑 만나왔던 많은 친구들 덕분에 이 책이 나올 수 있었습니다. 그 모든 친구들에게 감사합니다. 특히 이번 책에 직접적인 도움을 준 신유찬, 조영빈, 임혜린, 이태하, 김정민, 박재현에게 특히 고마운 마음을 전합니다.

2010년 7월

김 순 례

CONTENTS

| 프롤로그 |
독서노트는 광합성을 돕는 햇볕과 같아요!

제1장 책 읽고 자유롭게 표현하기

하나	책 속의 주인공과 나를 비교해 보기	• 014
둘	작가처럼 이야기 만들어 보기	• 018
셋	마음에 들지 않는 책 내용 바꾸기	• 034
넷	책 속 등장인물에게 줄 상장 만들기	• 042
다섯	인상 깊은 문장 옮겨 적기	• 046
여섯	생각그물로 표현하기	• 049
일곱	여러 가지 그림으로 표현하기	• 055
여덟	주인공과 인터뷰하기	• 070
아홉	독서퀴즈 만들기	• 074
열	나만의 책 만들기	• 077

 독서감상문 쓰기의 기본원칙

하나 생각을 잘 표현해 내려면 • 086

둘 독서감상문을 잘 쓰려면 • 088

셋 독서감상문의 제목 정하기 • 092

넷 독서감상문의 내용 채워 넣기 • 094

다양한 형식의 독서감상문 쓰기

하나	편지형식의 독서감상문	• 148
둘	일기 형식의 독서감상문	• 159
셋	생활문 형식의 독서감상문	• 163
넷	설명문 형식의 독서감상문	• 166
다섯	주장글 형식의 독서감상문	• 175
여섯	시 형식의 독서감상문	• 179
일곱	관찰기록문 형식의 독서감상문	• 182
여덟	기행문이나 견학기록문 형식의 독서감상문	• 185

제4장 원고지 바르게 쓰는법

하나	왜 원고지에 글을 써야 하나요?	• 190
둘	띄어쓰기는 어떻게 하나요?	• 191
셋	원고지 첫 장엔 무얼 쓰나요?	• 194
넷	문장부호는 어떻게 쓰나요?	• 197
다섯	지우개 없이도 글을 고칠 수 있어요.	• 202

책 읽고 자유롭게 표현하기

감상문을 처음부터 잘 쓸 수는 없습니다. 글을 잘 쓰려면 다양한 독후활동을 해 봐야 합니다. 어떤 형식으로든 흔적을 남겨 둔다면 그것을 바탕으로 형식에 맞추어진 글을 쓸 수 있으니까요. 즐겁게 다양한 활동들을 하다 보면 글 쓰는 것이 참 쉽다는 생각이 들 거예요. 독후활동 중에 우리의 사고는 쑥쑥 자라고 글쓰기 실력도 껑충 자랄 테니까요.

- 하나   책 속의 주인공과 나를 비교해 보기
- 둘   작가처럼 이야기 만들어 보기
- 셋   마음에 들지 않는 책 내용 바꾸기
- 넷   책 속 등장인물에게 줄 상장 만들기
- 다섯   인상 깊은 문장 옮겨 적기
- 여섯   생각그물로 표현하기
- 일곱   여러 가지 그림으로 표현하기
- 여덟   주인공과 인터뷰하기
- 아홉   독서퀴즈 만들기
- 열   나만의 책 만들기

 책 속의 주인공과 나를 비교해 보기

그림책이나 동화책이나 어느 책이든 주인공이 있습니다. 책 속의 주인공과 나를 비교해 보는 건 어떨까요?

'주인공은 이런 점이 있는데 나는 이런 점이 있구나.'

아이 스스로 생각할 시간을 주고 주인공의 좋은 점은 따라 하려고 노력해 보고 안 좋은 점은 개선하려고 노력할 수 있게 합니다. 어떤 점은 주인공보다 아이 자신이 가진 모습이 좋을 수도 있지요. 아이 스스로 그런 점을 발견하면 어깨가 으쓱해질 거예요. 문장으로 길게 쓰지 않아도 되고 자신을 잘 살펴볼 수도 있으니 얼마나 좋아요. 세계적으로 성공한 사람들은 자신을 잘 알아보는 사람이라고 했습니다. 동화 속 인물에 자기 자신의 모습을 비추어 보는 것, 성공하는 지름길을 만드는 첫걸음이랍니다.

《반쪽이》의 주인공 반쪽이는 몸도 반쪽, 입도 반쪽, 코도 반쪽이지만 무척 용감하고 지혜롭고 착한 소년입니다. 늙도록 자식이 없어 신령님께 빌고 빌어 낳은 반쪽이. 신령님이 잉어 세 마리를 고아 먹으면 아기를 낳을 수 있다고 했어요. 두 마리를 먹고 세 마리째는 배가 불러 먹다 남겼는데 고양이가 냉큼 물어갔어요. 그래서 그랬는지 형 둘은 멀쩡한데 반쪽이만 반쪽이로 태어나고 말았어요. 하지만 반쪽이는 힘이 세어 나무도 한 짐씩 잔뜩 해 오죠.

반쪽이는 형들이 과거 보러 가는데 따라갑니다. 형들은 따라오는 반쪽이를 나무에도 묶어 보고 바위에도 묶어 보지만 쑥 뽑아 집에 갖다 두고 다시 쫓아갑니다. 급기야 형들은 반쪽이를 호랑이가 우글우글한 숲에다 꽁꽁 묶어서 버립니다. 반쪽이가 힘을 '끙' 쓰자 줄이 뚝 끊어지고 반쪽이가 손가락으로 '퉁' 튕기면 호랑이가 픽픽 쓰러집니다.

반쪽이는 호랑이를 잔뜩 잡아 짊어지고 집으로 돌아가는 길에 부자 영감님을 만나지요. 부자 영감님은 호랑이 가죽이 탐이 나 장기 내기를 해서 자기가 이기면 호랑이 가죽을 달라고 하고, 반쪽이가 이기면 자기 딸을 준다고 약속합니다. 반쪽이는 내기에서 세 판을 다 이겨요. 부자 영감님은 화를 내며 집으로 가 버립니다. 하루 이틀 사흘, 부자 영감님은 뜬눈으로 지새우다 지쳐 잠이 듭니다. 사흘 뒤 모두가 잠든 틈을 타 반쪽이는 냉큼 부잣집 딸을 업고 가서 결혼해서 잘살았다는 이야기입니다.

이 책의 주인공인 반쪽이와 나는 어떤 점이 닮았고 어떤 점이 다른가요? 곰곰이 생각해 보고 적어 봅니다.

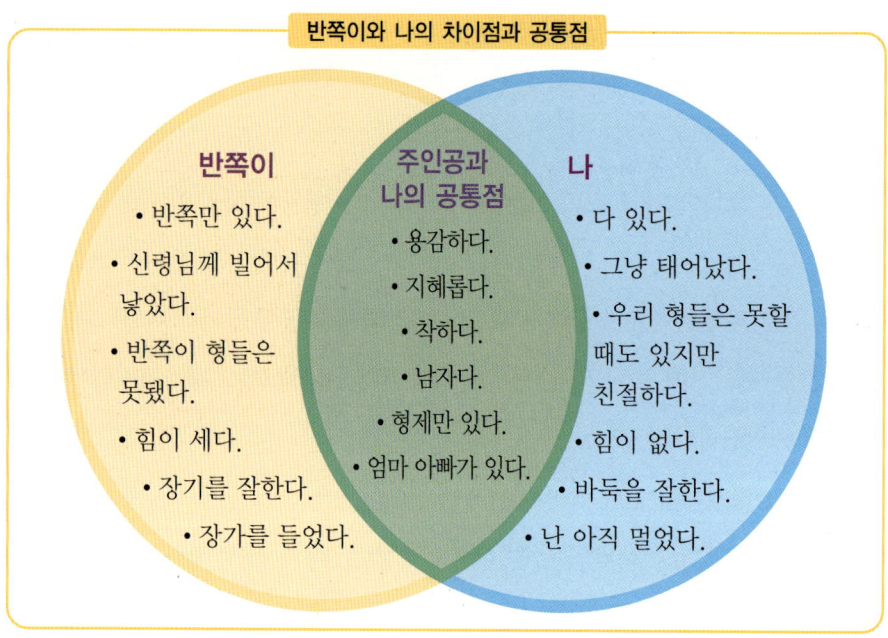

이 방법은 주인공이 있는 책이라면 다 좋아요. 다음 책들을 읽고 공통점과 다른 점을 찾아볼까요? 그리고 그것을 이어 쓰면 독서감상문이 됩니다. 책을 읽을 때마다 이렇게 할 필요는 없어요. 모든 책을 이렇게 비교한다는 건 힘든 일이니까요. 공부든, 독서든, 노는 일이든 즐겁고 신나게 하는 게 좋아요.

▶ 책 속에 길이!

● 용감한 아이린

아이린은 제목처럼 용감한 아이입니다. 양재사인 엄마가 옷 만들기를 간신히 마치고 몸져눕습니다. 그 옷은 공작부인이 그날 밤 무도회에서 입을 옷이랍니다. 아이린은 엄마를 대신해 옷 배달에 나섭니다. 눈송이가 휘몰아치고 눈은 점점 쌓여 발은 푹푹 빠지지만 아주 중요한 심부름이라 포기할 수 없습니다. 바람은 심술궂게 공작부인의 옷을 휙 낚아채 버리네요. 그런 중에도 아이린은 자신의 임무를 무사히 마쳤답니다.

🎯 아이린은 어떻게 자신의 임무를 무사히 마쳤을까요? 아이린과 아이들의 공통점과 차이점을 비교해 보도록 합니다.

● 호랑이 뱃속에서 고래 잡기

호랑이 뱃속에서 고래를 잡은 사람이 있었으니 그는 바로 소금장수예요. 그 캄캄한 호랑이 뱃속에 들어가서 고래를 잡다니 그 용기가 보통이 아닌데요. 용감하지 않았다면 어림도 없는 소리죠. 그리고 침착하지 않았대도 어림없는 얘기지요. 그리고 나중에 들어온 기름장수나 내기대장하고도 잘 지내는 걸 보니 친구도 잘 사귀는 모양이네요. 게다가 소금을 팔아 집에 있는 가족을 위해 물건들을 사는 걸 보니 착하고 자상한 것 같네요.

🎯 이야기 속 등장인물들과 공통점이 많나요, 차이점이 많나요? 곰곰이 생각해서 적어 봅니다.

 작가처럼 이야기 만들어 보기

　어린이들은 책을 읽다가 가끔 '내가 작가라면 이렇게 썼을 텐데' 하는 생각을 하기도 합니다. 당연히 우리는 누구나 작가가 될 수 있답니다. 완전하게 끝나지 않은 동화의 뒷이야기를 이어서 써 보거나, 글이 하나도 없는 그림책에 글을 직접 써서 넣어 봅니다. 어느새 어린이 작가가 되어 있을 겁니다.

1. 남은 뒷이야기를 이어서 써요.

　동화를 읽다 보면 그 뒷이야기가 몹시 궁금한 채 끝나는 경우가 많습니다. 끝나고 나서도 계속 그들이 어떤 이야기를 만들어 가며 살고 있을 듯한 생각이 들 때가 있어요. 그래서 2편도 나오고 3편도 나오곤 합니다. 그런데 궁금한 뒷이야기를 아이들로 하여금 직접 써 보게 하면 아주 재밌어할 겁니다.

　《요술 항아리》라는 옛날이야기를 살짝 들여다볼까요? 옛날에 어떤 농부가 밭을 갈다가 항아리를 하나 발견합니다. 물건을 넣어 두면 좋겠다고 생각해 집으로 가져와 그날 밭에서 썼던 괭이를 넣어 놓았죠. 다음 날 꺼내려고 보니 그 안에 괭이가 또 들어 있는 거예요. 꺼내면 또 나오고 꺼내면 또 나오고. 쌀을 넣어 보면 쌀이, 돈을 넣어 보면 돈이 계속 나왔대요.

소문이 퍼져 원래 땅 임자가 나타나 자기는 땅을 팔았어도 항아리는 팔지 않았다는 억지소리를 해서 결국 원님한테 재판을 해 달라고 했는데 원님도 욕심이 나서 그 항아리를 나라에 바치라고 합니다. 원님이 마루에 모셔 두고 무엇으로 항아리를 채울까 고심하는데, 원님 아버지가 그 안에 뭐가 들었나 하고 보다가 그만 항아리에 빠지고 말았네요. 어찌 되었을까요? 할아버지 꺼내면 또 할아버지, 꺼내면 또 할아버지…. 이렇게 해서 마루는 원님의 아버지로 가득가득 차게 되고 서로 자기가 진짜라고 우기다가 항아리만 깨지고 말았네요. 이 이야기는 이렇게 끝났어요. 그 뒤는 어찌 되었을까요?

《요술 항아리》를 읽고 그 뒷이야기를 만들어 본 친구가 있네요. 함께 읽어 볼까요? 이 정도라면 누구나 충분히 쓸 수 있을 겁니다.

요술항아리 그 뒷이야기

대청마루에는 원님 아버지들로 가득 찼다. 원님은 머리를 쥐어 싸고 고민을 하다가 결국 병이 들고 말았지. 그때 현명한 마나님이 귀에 대고 무엇인가 소곤거리니까 원님은 금방 기운을 차리는 거야.

이튿날, 원님은 이렇게 말했어.

"아버님들, 아버지라면 자식을 사랑할 것입니다. 제가 병에 걸렸습니다. 저를 위해 약초를 구해다 주십시오. 제일 먼저 불로초를 찾아오는 분을 저의 아버지라고 생각하겠습니다."

아버지들은 이튿날 같은 시간에 불로초를 가져왔다. 원님은 서슴지 않고 이렇게 말했다.

"이것들은 풀잎, 꽃받침, 줄기, 꽃잎, 뿌리로군요. 다 나누어진 것을 가져오셨군요. 하지만 진짜 아버지는 뿌리를 가지고 오신 분입니다. 우리 아버지는 현명하신 분이라 꽃의 생명은 뿌리에 있다는 것을 아시거든요. 뿌리가 있어야 생겨난다는 것을 아시는 분이 저의 아버님이십니다."

이 말을 마치자마자 원님은 뿌리를 들고 있는 아버지 품속에 달려들어 울었어. 아버지는 그 눈물을 가짜들에게 발랐어. 그러자 갑자기 연기가 나면서 모두 사라졌어.

모두 현명한 마님 덕분이었지. 그래서 원님은 마님을 더욱 사랑하게 되었고 자기 아버지께 더욱 효도하게 되었지.

▶ 책 속에 길이!

● 재주꾼 오형제

단지손이, 오줌손이, 배손이, 무쇠손이, 콧김손이, 이들은 길에서 만나 의형제가 되어 세상구경을 떠납니다. 호랑이 형제가 갑자기 나타나서 오형제에게 재주 겨루기를 하자고 합니다. 호랑이 형제가 이기면 오형제를 잡아먹겠다고 하네요.

다음 날 경주가 시작됩니다. 첫 번째는 나무 베기, 당연히 재주꾼 오형제가 이기죠. 이번에는 베어낸 나무를 높이 쌓자고 하네요. 재주꾼 오형제의 나무단은 하늘을 향해 점점 높아집니다. 이에 호랑이들은 밑에서 불을 놓아 버립니다. 하지만 재주꾼 오형제, 걱정할 것 없죠. 오줌손이가 오줌을 쏴아~ 누었거든요. 불이 꺼졌을 뿐만 아니라 점점 차올라 호랑이들이 오줌 바다에 빠져죽을 지경이죠. 이때 배손이가 배를 내어 오형제는 그 배를 타고 유유히 떠났답니다.

> 🔖 그들이 간 다음 세계에서는 어떤 일이 벌어졌을까요? 그 뒷이야기를 직접 만들어 봅니다.

● 개구리 왕자 그 뒷이야기

왕자가 된 개구리는 모험은커녕 개구리 적 습관으로 파리만 날아가면 혀를 날름 날름 쭉 뻗어 버리죠. 공주는 그런 왕자에게 싫증을 느낍니다. 그래서 둘이는 토닥토닥 싸우죠. 그러다 둘이는 개구리가 되기로 하죠. 둘이는 개구리가 되어 펄쩍펄쩍 숲으로 들어갔답니다. 물론 그 뒷이야기가 펼쳐지지요.

> 🔖 바로 여기서부터 다시 써 보게 합니다. 개구리가 된 개구리왕자와 공주는 또 어떤 삶을 살았을까요? 그 뒷이야기를 꾸며 봅니다.

2. 글 없는 책에 글을 만들어 붙여요.

　책을 읽으려고 딱 펼쳤는데 아, 글쎄 글이 없지 뭐예요. '뭘 보라는 거지?' 이럴 때는 실망할 것 없습니다. 왜냐고요? 그 책은 읽는 사람 마음이거든요. 내 마음대로 책 읽기, 아이들이 참 좋아합니다. 아이들 마음대로 이야기를 만들어 보도록 충분히 시간을 주어 보세요.

　《왜?》라는 책에는 글이 없답니다. 평화롭고 아름다운 들판에 개구리 한 마리가 꽃 한 송이를 들고 향기를 맡고 있네요. 그때 땅이 파이면서 뾰족한 물건이 땅을 뚫지요. 그 속에서 쥐가 우산을 들고 밖으로 나옵니다. 그림은 점점 변합니다. 맨 뒷장에는 폐허가 되어 버린 들판에 우산은 찢어지고 꽃은 시들어 버린 채 뒹굴고 있습니다. 왜 이렇게 되었을까요?

　다음은 한 친구가 이야기를 만들어 본 겁니다. 먼저 이 글을 읽고 저마다의 상상력을 발휘해서 그림에 어울리는 글을 지어 봅니다.

 왜?

　펄쩍이는 돌 위에 앉아서 꽃을 만지며 시원한 바람을 쐬고 있었습니다. 그런데 어디에선가 '와스락', '찍찍' 하는 소리가 들렸어요.

펄쩍이가 뒤를 돌아보자 찍찍이가 우산을 들고 우뚝 버티고 서 있었습니다. 찍찍이는 펄쩍이를 보자 모른 척하고는 큰 우산을 펼쳤습니다. 찍찍이가 모른 척하자 펄쩍이도 모른 척했습니다. 찍찍이는 펄쩍이가 예쁜 민들레꽃을 들고 있다는 것을 알고 펄쩍이한테 냉큼 달려들어 꽃을 빼앗았습니다. 펄쩍이는 화가 나서 찍찍이를 노려보았습니다. 그러자 숲속 근처에서 풀짝이와 풀찍이가 나타나 찍찍이한테 덤벼들어 꽃을 빼앗았습니다. 펄쩍이는 한결 기분이 좋아졌습니다. 그래서 여러 가지의 꽃을 뽑아 찍찍이가 버리고 간 우산에 가득 담았습니다.

그때 숲속 근처에서 '두르르', '철컥철컥' 하는 소리가 났습니다. 돌돌이와 똘똘이가 나타났습니다. 펄쩍이와 풀짝이와 풀찍이는 외나무다리를 건너갔습니다. 그러자 돌돌이와 똘똘이도 따라왔습니다. 그런데 둘이 탄 자동차는 무게가 나갔습니다. 그래서 외나무다리가 무너졌습니다. 돌돌이와 똘똘이는 물에 빠져서 허우적댔습니다. 다리가 무너져서 펄쩍이와 풀짝이는 얼른 '싹싹쏙쏙' 배를 만들어서 강을 건넜습니다. 펄쩍이와 풀짝이, 풀찍이는 허우적대는 돌돌이와 똘똘이를 보고 배꼽이 빠지도록 웃었습니다. 하지만 자동차를 타고 웃는 바람에 앞 브레이크가 고장 나서 앞쪽에 있는 구덩이에 빠졌습니다. 그것은 다 돌돌이와 똘똘이 때문이라고 했습니다. 그래서 한바탕 싸움이 일어났습니다.

돌돌이와 똘똘이는 자동차 앞에 달려 있는 대포를 두 방 쏘았습니다. 다른 친구들도 대포를 두 방 쏘았습니다. 그리고 자동차를 내버려두고 주먹으로 치고 박고 싸움이 일어났습니다. 온 들판이 뒤죽박죽이 되었습니다. 날은 점점 어두워졌습니다. 그래서 싸움은 세 시간을 끌다 끝나고 자동차를 고치고 치료를 받았습니다. 가만히 앉아서 지켜보던 펄쩍이와 찍찍이는 한숨을 내쉬었습니다. 꽃은 시들고 우산은 망가진 채로….

▶ 책 속에 길이!

● 빨간 풍선의 모험

이 책에는 글이 하나도 없네요. 어떤 내용을 붙여 주면 어울릴까요? 정해진 정답은 없습니다. 무엇보다 아이들의 생각이 중요합니다.

> 책을 한 장 한 장 유심히 들여다보면 책이 말을 걸 거예요. 그럴 때 얼른 이야기를 받아 적도록 해 보세요. 무궁무진한 상상력의 나래를 펼칠 수 있도록 말입니다.

● 나무

나무의 한해살이에 대한 책입니다. 겨울, 봄, 여름, 가을, 다시 겨울. 나무는 일 년을 어떻게 지낼까요? 찾아오는 친구들은 누가 있을까요? 나무 밑의 땅에는 어떤 변화들이 일어날까요?

> 나무에 대해 궁금한 사항들을 글로 표현하도록 합니다. 궁금한 점들이 모이면 한 편의 멋있는 글이 될 겁니다.

3. 이야기 뼈대는 살려두고 내용만 바꿔요.

책을 읽다 보면 일정한 형식으로 이야기가 펼쳐지는 책이 있습니다.

《릴리루는 힘센 동물을 좋아해》는 릴리루가 여러 동물을 만들어 내어 그 동물과 여행을 하는 이야기입니다.

"릴리루는 OO 동물을 좋아합니다. OO는 어떤 동물을 좋아합니다. OO로 동물을 불렀습니다. OO와 함께 OO로 갔습니다. 그곳에서 OOO를 했습니다."

아이들은 상상으로 어떤 동물이건 만들 수가 있습니다. 아이들은 상상 속의 동물과 함께 여행하고 싶은 곳이 분명 있을 겁니다. 또 거기에 가서 신나는 모험을 해 보고 싶을 겁니다. 이야기의 뼈대는 그대로 살려두고 이야기를 바꿔 보라 하면 대부분의 아이들은 이런 말을 합니다.

"애걔~! 이 정도면 나도 쓸 수 있겠다."

맞아요. 그런 만만한 책에 이야기를 바꿔 넣어 보면 아이들의 글도 어느새 동화가 되어 있을 거예요.

한 친구가 **《릴리루는 힘센 동물을 좋아해》**를 읽고 이야기를 만들었네요. 아이가 이 글을 읽고 나면 정말 신나는 여행을 다녀온 표정일 겁니다. 릴리루처럼 동물을 만들어 낼 수 있다면 어떤 동물을 만들어 내고 싶나요?

 정민이는 순진한 동물을 좋아해

정민이는 순진한 동물을 좋아합니다. 정민이는 그런 동물을 만들고 싶었습니다. 하지만 정민이는 요술을 부려 그런 신기한 일을 할 수는 없습니다. 그렇지만 정민이는 꿈으로 멋진 동물을 만들 수 있습니다. 정민이는 꿈의 피리를 불었습니다.

"필릴리 필릴리!"

그리고 이렇게 말했습니다.

"요술쟁이 꿈의 피리야, 내가 생각한 동물을 데려다 줘, 알았지?"

그러자 귀엽고 순진한 은빛 다람쥐가 나타났습니다. 그러나 정민이는 그만 실망했습니다. 어떻게 저런 순진한 다람쥐를 타고 놀 수 있겠어요? 순간 정민이는 점점 작아져 은빛 다람쥐를 탈 수 있게 되었습니다. 다람쥐 등은 털이 있어 따뜻하고 폭신했습니다. 다람쥐는 잼싸게 나무를 타기 시작했습니다.

"안녕, 정민아! 나는…."

은빛 다람쥐는 바람같이 빠르게 달리면서 신나게 재잘거렸습니다. 어느덧 노을이 붉게 물들기 시작했습니다. 정민이는 은빛 다람쥐에게 물었습니다.

"언제까지 달릴 거니?"

"금강산 구경하고 돌아올 때까지."

한편 정민이 엄마는 걱정을 하고 계셨습니다.

"얘가 대체 어딜 간 거야?"

"꿈의 나라로."

"언제?"

하품을 하며 중얼거렸습니다.

"싱그러운 아침에요."

이번에는 정민이 목소리였습니다. 하지만 정민이 엄마께서는 벌써 꿈나라 여행을 가신 뒤였습니다.

▶ 책 속에 길이!

● **파란막대 파란상자**

클라라는 아홉 살 생일에 집안 대대로 여자아이들에게 전해 내려오는 파란색 막대 하나를 선물로 받습니다. 한편 에릭은 아홉 살 생일에 집안 대대로 남자아이들에게 전해 내려오는 파란색 상자 하나를 선물로 받습니다. 그런데 어떻게 이 물건들을 사용하는지 도대체 알 수가 없네요. 함께 건네진 낡은 공책 속에, 앞서 그것을 받은 사람들의 사용기가 적혀 있을 뿐. 클라라와 에릭은 막대와 상자를 어떻게 사용할 수 있을까요?

> ✿ 두 주인공이 서로 다른 선물을 받게 된다는 이야기의 뼈대는 살려두고 공책 속의 그 선물을 받았던 사람들은 어떻게 사용했을지 내용만 바꿔서 이야기를 다시 써 봅니다.

● **메주 도사**

이 책에 나오는 이야기 중에 '씨 뿌리는 강아지'에는 못된 형과 착한 동생의 이야기가 나옵니다. 씨 뿌리는 강아지를 우연히 만나게 된 동생은 자기 일을 도와주는 강아지가 고마워 자기가 먹을 밥을 나누어 주어 복을 받지만 욕심꾸러기 형은 씨 뿌리는 강아지에게 아무것도 해 주는 것도 없이 구경거리를 만들어 돈 벌 생각만 합니다. 그러나 잘될 리가 없지요.

> ✿ 동생의 이야기를 읽고 형의 이야기는 동생의 이야기에 맞추어 이야기를 전개해 보세요. 어떻게 했기에 형은 복을 받을 수 없었을까요?

4. 중심소재를 살려 이야기를 다시 써요.

 이야기에는 소재가 있습니다. 소재란 이야기를 이끌어 나가기 위해 쓰인 것들입니다. 《신데렐라》의 중심소재는 신데렐라의 유리구두입니다. 유리구두가 빠진 신데렐라는 상상도 가지 않아요.

 《쿨쿨 할아버지 잠깬 날》에 들어 있는 '녹슨 열쇠' 이야기의 중심소재는 열쇠랍니다. 연장통 속에 있던 녹슨 열쇠를 꽃담이가 찾아냅니다. 그 녹슨 열쇠가 무슨 열쇠인지 가족들에게 물어봐도 아무도 대꾸해 주지 않죠. 그때 모두 바빴거든요. 저녁이 되어 수다쟁이 꽃담이가 말을 하지 않자 가족들은 모두 꽃담이가 골이 났다는 것을 알아채요. 아빠는 해적들의 보물창고 열쇠일지도 모른다고 하고, 엄마는 이사오기 전 집 화장실 열쇠라고 하고, 오빠는 동물원 코뿔소우리 열쇠라고 하지요. 꽃담이는 뭐라고 했을까요? 그 열쇠는 바로 자신의 채운 입을 여는 열쇠라고 했답니다. 열쇠를 중심소재로 한 재미있는 이야기가 펼쳐집니다.

 한 친구가 지은 열쇠 이야기를 먼저 읽어 볼까요? 천국에 가는 열쇠를 손에 쥔 이야기랍니다. 이 글을 읽어 주면 아이들이 재미있어할 겁니다. 하지만 이런 일은 일어나면 안 되겠지요. 하나님께 열쇠를 드려 상으로 다시 돌아왔으니 다행이지 그렇지 않았다면 너무 슬픈 이야기니까요. 열쇠라는 중심소재를 살려서 새로운 이야기를 써 볼까요?

천국의 열쇠

　내가 밖으로 뛰어나가는데 하늘에서 무엇인가가 떨어졌다. 가까이 가보니 열쇠였다. 나는 그것을 주워서 식구들에게 물어보아도 대답하지 않았다.

　나는 화가 나서 뛰어 나오다가 차에 치어 하늘나라로 갔다. 그 열쇠는 내 손에 쥐어져 있었다. 그래서 나는 그 열쇠로 구름에 있는 열쇠구멍에 넣어 보니 천국이 나오는 것이었다. 천국에 들어가 보니 길이 황금이었다. 집도 초콜릿과 과자로 되어 있었다. 그래서 나는 집을 먹었다. 잠시 후 돌아가신 외할머니가 오셨다. 외할머니는 기뻐하시면서도 "이곳에 어떻게 왔느냐?" 하고 물으셨다.

　나는 이곳에 오게 된 이야기를 해드렸다. 외할머니께서는 "아직은 네가 올 곳이 아니다." 하셨다.

　나는 열쇠를 하나님께 드렸다. 하나님께서는 기뻐하시며 하늘나라 구경을 시켜 주셨다. 궁전에서 나는 친구들과 어울려 놀았다. 친구들은 모두 신기하게 느끼는 것 같았다. 실컷 놀고 구경하고 다시 외할머니 댁에 가니 하나님께서 말씀하셨다.

　"열쇠를 찾은 상으로 이 무지개를 타고 내려가거라."

　그래서 무지개 미끄럼틀을 타고 다시 왔다.

　엄마가 사고를 낸 아저씨와 싸울 때 내가 가니 엄마와 아저씨는 깜짝 놀랐다.

　나는 엄마께 천국 갔다 온 이야기를 했다. 엄마는 나에게 아까 미안하다고 하고 나를 신기하게 쳐다보았다.

책 속에 길이!

● **두꺼비 신랑**

옛날이야기를 묶어 놓은 이 책 안에 '쿵쿵 절싸 지팡이' 이야기가 실려 있습니다. 옛날 옛적 어느 산골에 살고 있는 아주머니 이야기예요. 일찍 과부가 되어 혼자 살았는데 아주머니는 마음씨가 좋아 늘 남 걱정을 했답니다. 늙은 스님이 동냥을 오자, 가진 것 모두를 주었는데 스님은 지팡이 하나를 주고 갑니다. 이 지팡이는 아주머니가 베를 짤 때 옆에서 춤을 춥니다. 그 소문이 퍼져 임금님 귀에까지 들어가 궁궐에 불려가 지팡이 춤을 보여 주게 됩니다. 하나뿐인 임금님의 아들이 태어날 때부터 병이 들었으나 지팡이 춤을 보고 춤을 추다 병이 나았대요. 임금님이 기뻐하여 아주머니를 궁궐에서 살게 해 주었어요.

🌸 쿵쿵 절싸 지팡이가 아주머니 손에 오기 전에 어떤 사연을 가지고 있었을까요? 그 이야기를 직접 만들어 봅니다.

● **행복한 하하호호 가족**

이 책에는 가족의 이야기가 나옵니다. 첫 장면에 아빠, 엄마, 꼬마동생, 나 헨리, 동생 홀리, 그리고 강아지 메리까지. 그 뒤부터 이야기는 하나씩 전개됩니다. 아기의 풍선 이야기, 홀리의 조각배 이야기, 헨리의 생일 이야기, 그리고 홀리, 헨리, 홀리, 헨리의 이야기가 반복적으로 나옵니다. 물론 할머니도 친척 몽키의 이야기도 나오지요.

🌸 이 이야기를 읽고 우리 가족 이야기를 만들어 보세요. 글의 중심소재로 가족만한 것은 없겠죠?

5. 두 이야기 중 하나를 선택해서 써요.

《마쯔와 신비한 돌》은 책이 중간에서 반으로 쫙 나뉜답니다. 행복하게 끝나는 이야기와 슬프게 끝나는 이야기로요. 욕심을 내어 둘 다 읽지 말고 하나만 읽어 봅니다. 그리고 한 이야기는 직접 지어 보는 거예요.

마쯔는 어느 날 바닷가 동굴에서 신비한 돌을 발견합니다. 빛과 열이 나는 아주 예쁜 돌이죠. 그것을 가지고 있으면 밝고 따뜻해 행복한 마음이 듭니다. 자, 이제 이 돌을 가지고 행복하게 살 수도 있고 불행한 삶을 살 수도 있습니다.

어떻게 이야기가 전개되면 슬프게 끝날 수 있고, 어떻게 이야기가 전개되면 행복하게 끝날 수 있을지 상상력을 최대한 펼쳐 봅니다. 아래의 글처럼 세상에 하나뿐인 나만의 이야기가 된답니다.

 마쯔와 신비한 돌, 슬픈 이야기

마쯔가 발견한 신비한 돌은 멋진 광채도 나고 따뜻하기도 해서 쥐들은 서로 차지하고 싶어 해 잠도 자지 않고 계속 집으로 집으로 날랐습니다. 하도 많이 움직이니 몸에 땀이 많이 나고 더워 신비한 돌 가까이 가지도 못하게 되었습니다. 그래도 쥐들은 앞다투어 신비한 돌을 가지러 가고 또 가지러 갔습니다. 그때부터 그 섬에서는 은은한 빛이 퍼져 나가 멀리 육지에서도 알아볼 수 있게 되었지요. 그 육지에는 고양이들이 살고 있었어요. 그들은 호기심이 아주 많았어요. 저 멀리서 빛나는 그것이 무엇인가 알아보고 싶었어요. 그래서 그들은 섬으로 모험을 떠납니다.

한편 정신없이 신비한 돌을 나르던 쥐들은 저 멀리서 낯선 배가 들어오자 깜짝 놀랐습니다. 제각기 가지고 가던 신비한 돌들을 던져 둔 채 그동안 신비한 돌을 파내던 굴로 도망쳐 들어갔습니다. 그곳은 신비한 돌을 너무나 많이 파내어 커다란 동굴이 되어 있었답니다. 쥐들은 서로 밀치면서 그 안에서 서로 의지를 하고 있으면서 노인 쥐의 말을 비웃었습니다.

　　"신비한 돌을 가져갈 때마다 돌을 그 자리에 채워 두라고? 그랬다면 이렇게 숨을 곳도 없었을 거 아냐."

　　그때 갑자기 파도가 거세게 몰아쳤습니다. 고양이들의 배가 가까이 온 모양입니다. 물결이 춤을 추니 동굴은 견딜 수가 없었습니다. 한 번 물이 들어오기 시작하니 걷잡을 수 없게 되어 버렸습니다. 그 이후 그 섬에서는 쥐 한 마리 볼 수 없었답니다. 고양이들은 그 신비한 돌을 보더니 자기네 땅에도 널려 있는 물건이라 섬까지 건너온 것을 후회하며 돌아갔답니다.

책 속에 길이!

● 두 섬 이야기

바다 가운데 있는 큰 섬과 작은 섬. 두 섬은 대조적이랍니다. 큰 섬은 문명을 만들기를 좋아했고 왕의 명령 아래 유지되는 곳이었어요. 작은 섬은 자연을 가꾸는 것을 좋아했고 모두가 평등한 곳이었어요. 이 바다에는 두 섬 말고 섬 하나가 더 있어서 원래는 세 섬이었다네요. 그런데 무슨 일이 있었는지 그 섬은 없어지고 두 섬만 남았대요. 그래서 작은 섬의 눈먼 할아버지는 어떻게 하면 섬을 살기 좋은 곳으로 잘 유지할 수 있는지 그들에게 전해 내려오는 이야기를 간직하고 있다가 들려준답니다.

> 이 책에는 큰 섬 이야기와 작은 섬 이야기가 나옵니다. 원래는 세 섬이 있었다고 하는데 사라진 한 섬은 어떻게 해서 없어지고 두 섬만 남게 되었을까요? 사라진 한 섬의 이야기를 상상해서 적어 보세요.

● 도깨비 방망이

이 책은 앞뒤로 읽는 책입니다. 앞의 이야기는 마음씨 착한 농부의 이야기이고, 뒷부분은 마음씨 나쁜 농부의 이야기랍니다. 마음씨 착한 농부는 나무를 하러 갔다가 떨어지는 개암을 보고 가족을 생각했지요. 날이 어두워 묵을 곳을 찾던 착한 농부의 눈에 띈 허름한 빈집, 그곳에서 도깨비 떼를 만나지만 개암을 이용해 위기를 모면하고 도깨비 방망이까지 얻어 집으로 돌아와 잘살았다는 이야기입니다.

> 마음씨 착한 농부의 이야기를 읽거나 마음씨 나쁜 농부의 이야기를 읽어나 하나만 읽고 나머지 다른 이야기를 직접 써 봅니다.

셋 마음에 들지 않는 책 내용 바꾸기

　책을 읽다 보면 마음에 들지 않거나 바꿔 보고 싶은 부분이 나타날 겁니다. 그럴 때는 이야기를 그 부분부터 바꿔서 진행해 보세요. 전혀 다른 이야기가 나올 수도 있으므로 매우 재밌어질 거예요.
　이야기를 바꾸면 《콩쥐팥쥐》에 나오는 새엄마와 팥쥐가 못된 사람이 아닐 수도 있어요. 아니면 새엄마는 못된 사람이라도 팥쥐는 착한 사람일 수도 있겠군요. 아이들 마음대로 이야기를 바꾸어 쓰면 되니까 아이들이 매우 신나할 겁니다. 이야기의 일부분부터 바꿀 수도 있지만 아예 이야기 자체를 바꿔 버릴 수도 있어요. 집의 뼈대만 남겨 놓고 전부 바꾸는 리모델링처럼 기본 구조를 남겨 두고 모두 바꾸는 거죠.
　《아기돼지 삼형제》 이야기는 모르는 사람이 없을 정도로 아주 유명한 이야기입니다. 그렇다면 《늑대가 들려주는 아기돼지 삼형제》는 어때요? 《아기돼지 삼형제》가 돼지의 입장에서 말을 하고 있다면, 《늑대가 들려주는 아기돼지 삼형제》는 늑대 입장에서 이야기를 하고 있답니다. 늑대는 자기가 얼마나 상냥하고 착하고 예의바른지, 옆집에 살고 있던 돼지들이 얼마나 못된 돼지였었는지를 이야기합니다. 그리고 자기는 타고나길 육식을 하도록 태어났고 우연히 죽게 된 돼지들을 보고 먹지 않을 수 없었다고 변명을 하지요.

이보다 더 내용을 확 바꿔 버린 이야기도 있습니다. **《아기늑대 삼형제와 못된 돼지》** 이야기예요. 이 이야기에서는 어린 늑대들이 강아지처럼 아주 귀엽게 나옵니다. 이들이 재미있게 놀고 있을 때 심술을 부리며 나타난 못된 돼지. 아기늑대 삼형제는 공포에 덜덜 떨며 집을 점점 더 굳세게 만들고 문을 걸어 잠급니다. 못된 돼지는 더 못되게 아기늑대들을 공포에 몰아넣습니다. 아기늑대의 굳건한 요새도 못된 돼지의 공격에 그만 무너져 버리죠. 꼬리가 빠져라 달아나던 아기늑대들, 이번에는 작전을 바꿔 꽃으로 둘러싸인 집을 만들죠. 튼튼한 콘크리트 집도 버텨내지 못했는데 과연 꽃으로 만든 집이 못된 돼지의 공격을 견뎌낼 수 있을까요?

《아기돼지 삼형제》를 **《아기돼지 세 자매》**로 바꿔 놓은 것도 있어요. 주인공이 남자에서 여자로 바뀌면 이야기는 어떻게 바뀔까요? 바꾼다는 것은 재창조한다는 말입니다. 이야기를 바꿔 재창조의 기쁨을 누려 보도록 하세요.

1. 내용을 조금만 바꿔 써요.

말 그대로 책 내용의 일부만 바꿔 보는 거예요. 책을 읽다가 마음에 들지 않는 한 부분을 바꾸면 거기서부터 이야기는 달라집니다. 주인공이 마음에 안 들면 주인공을 바꿔 봐도 되고, 사건이 마음에 안 들면 사건을 바꿔 봐도 됩니다.

'세계 교과서에 실린 명작동화집' 시리즈 중에서 '독일편'에 보면 조금 긴 듯한 시가 한 편 나옵니다. 뵈제와 쉬트라이트 이야기입니다. 두 사람 집 사이에는 과일나무가 한 그루 있었어요. 뵈제와 쉬트라이트는 서로 많이 차지하려다 점점 익기도 전에 따고 자라기도 전에 따고 열매가 맺자마자 따고 하다가 마침내는 나무를 잘라 버려 더 이상 과일을 바랄 수가 없게 되었다는 이야기입니다. 둘이는 그 이후 과일가게에서 더욱 자주 만나게 되었죠.

서로 과일을 더 많이 차지할까 봐 나무를 잘라 버리기까지 했다는 이야기가 어떻게 바뀌었는지 다음 글을 읽어 보세요. 주인공의 이름과 전체 흐름은 놔두고 둘이 더욱 친하게 된 이야기로 내용을 바꾸었군요. 어떤 친구는 뵈제와 쉬트라이트를 아줌마, 아저씨로 바꿔 둘이 결혼을 하게 만들기도 했답니다.

뵈제 아저씨와 쉬트라이트 아저씨

옛날에 사이좋은 이웃이 있었어. 왼쪽 집에는 뵈제가 살고 있었고 오른쪽 집에는 쉬트라이트가 살고 있었어. 이웃끼리 아주 친했어. 그래서 가끔씩 자기 집에 초대했어. 가운데에는 포도나무가 있었지.

어느 날 아침이었어. 포도나무에 포도가 가득 익었어. 뵈제는 쉬트라이트의 포도를 남겼어. 늦게 일어난 쉬트라이트는 기뻐했어. 자기 것도 있으니까 말이야. 쉬트라이트는 뵈제에게 고마운 생각이 들었어. 그래서 만나면 자기 집에 초대하기로 생각하고 사과나무를 심어 주었어. 뵈제 집 왼쪽에. 밤이 되어 모두들 자는 밤에 쉬트라이트는 열심히 땅을 파서 나무를 심었어. 아침이 되었어. 뵈제는 자기가 살고 있는 집에 나무가 있어서 깜짝 놀랐어. 뵈제는 누가 그렇게 했는지 궁금했어. 그래서 쉬트라이트네로 갔어. 쉬트라이트는 아직 자고 있었어. 낮이 되었어. 쉬트라이트는 당연히 일어났지. 쉬트라이트는 뵈제에게 "내가 사과나무를 심었어." 하고 말했어. 뵈제는 그것을 알고 쉬트라이트와 더 친하게 되었어.

책 속에 길이!

● 신통방통 도깨비

형은 성질이 못됐고 게으릅니다. 동냥을 하지도 않고 동생이 얻어 오면 타박을 하고 못되게 굽니다. 동생은 착해서 형의 타박에도 형 생각만 합니다. 그러던 어느 날 동생은 금덩이를 주어 가져갔는데, 형은 그것을 혼자 차지하려고 동생 눈을 멀게 하고 혼자 달아납니다. 동생은 형을 찾아 헤매다가 도깨비를 만나 눈도 뜨고 복을 받아 잘살았다는 이야기입니다.

> 이 이야기를 읽고 맏이들은 불만을 토로합니다. "왜 만날 맏이만 나쁘게 나오냐고!" 화낼 것 없어요. 직접 바꾸어 놓으면 되니까요. 착한 형과 마음씨 나쁜 동생의 이야기, 어떤 이야기가 될지 궁금합니다.

● 쇠를 먹는 불가사리

이 책에 나오는 불가사리는 전쟁으로 모든 것을 잃은 아주머니가 밥풀로 만든 동물입니다. 이 불가사리는 아주머니의 마음을 아는 듯 세상의 모든 쇠를 먹어 버리지요. 집에 있는 모든 쇠를 먹어 삼키며 무럭무럭 자랍니다. 오랑캐가 쳐들어오자 적의 무기를 모두 먹어치워 전쟁을 이끌지만, 불가사리의 힘이 너무 커지는 것을 경계한 왕의 계략으로 그만 불에 몸이 녹여져 세상에서 사라져 버리게 됩니다. 그런 불가사리를 아주머니는 너무나 불쌍하게 생각하지요.

> 불가사리의 죽음 부분이 마음에 들지 않는다면 왕의 계략으로부터 어떻게 벗어나 어떤 삶을 살아갔을지 다시 이야기를 만들어 보세요. 아주머니와 행복한 생활을 하도록 이야기를 만들어도 되겠지요.

2. 서로의 입장을 바꿔 써요.

글을 누구 입장에서 썼느냐에 따라 이야기가 조금 달라질 수 있어요. 작가가 모든 것을 다 알고 쓰는 것처럼 쓰는 경우도 있고, 주인공이 직접 말해 주듯이 쓰는 경우도 있죠. 주인공도 누구 입장에서 썼느냐에 따라 이야기가 조금 달라질 수 있답니다.

《마녀 위니》는 까만 집에서 까만 고양이 윌버를 키우며 사는 마녀 위니 이야기입니다. 그런데 집과 윌버 둘 다 까매서 이런저런 문제가 일어나네요. 그때 마녀 위니가 마술 솜씨를 발휘합니다. 어떻게 마술을 부렸을까요?

다음은 위니가 직접 자신의 이야기를 들려준 글입니다. 위니의 마음이 잘 전달되었는지 읽어 본 후 윌버가 되어 윌버의 마음이 잘 나타나도록 써 볼까요?

 위니가 들려주는 이야기

나는 검은 집에서 살고 검은 고양이 윌버를 키운다. 하지만 검은 고양이를 키운 게 잘못이었나 보다. 집이 검기 때문에 윌버가 보이지 않았다. 그렇지만 눈을 뜰 때는 보였다. 윌버의 눈이 고운 연두색이기 때문이다. 윌버가 의자에서 눈을 감고 자면 깔고 앉기 쉽고 깔개 위에서 눈을 감고 자면 발이 걸려 넘어지기 쉽다. 어느 날 난 계단에서 구르고야 말았다. 윌버가 계단에서 눈을 감고 잤기 때문이다. 난 아주 심하게 다쳤다.

난 너무나 화가 났다.

'저 나쁜 고양이! 아휴, 내 친구라서 봐주지만 다음엔 봐주지 않을 거야.'

그리고 겨우 참고 내가 할 수 있는 대로 윌버의 색깔을 바꾸었다. 눈빛과 같은 예쁜 연두색으로.

'이제는 넘어져 다치는 일은 없겠지.'

이제 윌버가 어디에 있어도 다 보인다. 그게 또 문제가 되었다. 윌버가 내 침대에서 자는 것이다. 아무리 친구라도 그 꼴은 못 보겠다. 나는 너무 화가 나서 윌버를 풀밭에 내놓았다. 나는 밖으로 나갔다. 아뿔싸! 눈마저 연두색인 윌버가 보일 리가 없었다. 나는 그만 윌버에게 걸려 공중제비 세 바퀴를 돈 후 장미덤불에 고꾸라져 버렸다. 나는 도저히 참을 수가 없었다. 윌버의 몸을 일곱 가지 무지개색으로 바꾸었다. 난 역시 천재다. 그런데 천재가 아니었나 보다.

윌버가 나무 위에 올라가 내려오질 않는다. 하루 종일 기다리고 밤하늘에 별이 뜰 때까지 기다려도 윌버는 내려오지 않는다. 난 윌버의 친구, 윌버는 나의 친구, 윌버가 슬퍼하는 것은 못 보겠다. 어쩐다! 원상복귀다. 윌버는 검을 때 윌버답다. 하지만 나는 어쩌란 말인가? 그때 좋은 생각이 번뜩였다. 나는 요술지팡이를 휘둘렀다.

"수리수리 마하수리 얍!"

나의 집은 새 옷을 입었다. 알록달록한 색으로.

"야호!"-

지금까지 고수해 왔던 검은 집은 온데간데없었다. 나는 윌버와 더 친해진 듯하다.

▶ 책 속에 길이!

● 토끼의 재판

이 옛날이야기는 다 알죠? 호랑이가 함정에 빠져 죽어 가는데 나무꾼이 지나가다 호랑이를 구해 줍니다. 밖으로 나온 호랑이는 약속도 잊은 채 나무꾼을 잡아먹겠다고 하네요. 이럴 수가요. 게다가 물어보는 동물들도 사람이 나쁘다고 잡아먹어도 된다고 하네요. 꾀 많은 토끼 덕에 살아날 수 있었지만 호랑이의 이미지가 이만저만 나빠진 게 아니에요. 이래서야 동물의 왕 소리 듣기 민망할 거 같아요.

> 🌸 동물의 왕인 호랑이의 체면이 말이 아닙니다. 호랑이를 동물의 왕답게 변신시켜 주세요. 이야기 내용을 어떻게 바꾸면 호랑이의 체면이 설까요? 호랑이가 이 이야기를 한다면 뭐라고 했을까요? 서로의 입장을 바꿔 글을 다시 써 봅니다.

● 아툭

아툭은 아버지께 생일 선물로 받은 개 타룩과 절친한 친구 사이예요. 어느 날 타룩이 아버지랑 함께 사냥을 나갔지요. 그런데 수레를 끌며 돌아오는 개들 속에 타룩의 모습이 보이지 않았어요. 사냥 중에 늑대에게 물려 죽은 거예요. 아툭은 복수를 하기 위해 훌륭한 사냥꾼이 되지요. 그리고 타룩의 원수를 갚았어요. 그러나 마음은 하나도 즐겁지 않았답니다.

> 🌸 아툭이 늑대의 입장을 생각해 보지 않았을 것 같네요. 늑대의 입장에서 어떤 이야기를 들려줄지 궁금한대요. 늑대의 입장에서 이 글을 다시 적어 보세요. 아툭이 인정할 정도로요.

 책 속 등장인물에게 줄 상장 만들기

　상을 받는다는 일은 언제나 신나는 일입니다. 상을 받는 것만큼 누군가에게 상을 주는 일 또한 신나는 일이지요. 책을 읽고 책 속 인물에게 어울리는 상을 만들어 볼까요?

　용감상(**《용감한 아이린》**의 아이린), 친구를 잘 사귀는 상(**《우리 친구하자》**의 영이), 심부름을 잘 하는 상(**《이슬이의 첫 심부름》**의 이슬이), 배려를 잘 하는 상(**《내 사랑 뿌뿌》**의 엄마 아빠) 등등.

　꼭 주인공이 아니어도 괜찮아요. 책 속에는 많은 인물들이 있는데 그 인물들의 장점을 찾아내서 상장을 만들어 주는 겁니다.

　《세 친구》에서 닭과 쥐와 돼지는 모두 친구 사이입니다. 닭이 아침에 일찍 농장 동물들을 깨우자 쥐와 돼지도 함께 깨워 주지요. 일이 있을 때 도와주는 친구가 진짜 친구니까요. 그리고 그들은 자전거 한 대를 함께 타고 놀러 갑니다. 놀러 가서 재미있게 놀아요. 그리고 무엇을 할지 함께 결정합니다. 무엇이든지 함께 결정하는 것이 진짜 친구니까요. 그들은 나무열매도 따먹고 낚시도 하고 술래잡기도 하고 지치도록 놀고 그림자가 길게 드리워지는 오후가 되어서야 농장으로 돌아옵니다.

　이제는 헤어질 시간이지만 헤어지고 싶지 않아요. 그래서 함께 자기로 하죠. 쥐네 집에 갔을 때는 닭이 쥐구멍에 목이 끼어 버립니다. 안 되겠네요. 돼지네 집에서 자기로 해요. 하지만 코가 예민한 쥐가 냄새 때문에 잘 수 없어요. 닭네 집에서 자기로 해요. 하지만 횃대는 돼지의 무게를 이겨낼 수 없네요.

　결국 그들은 꿈속에서 만나기로 하고 각자의 집으로 간답니다. 꿈속에서도 만나는 친구가 진짜 친구니까요.

　이들에게 줄 상장을 직접 만들어 볼까요? 함께 공동으로 수상을 하도록 해도 되겠지요. 상도 함께 받는 친구가 진짜 친구니까요.

좋은 친구상

이름   돼지, 닭, 쥐

세 친구는 언제나 서로 도와주고

서로 의견을 나누어 모든 것을 결정하고

꿈속에서 만나는 것을 보면

이 세상에서 제일 좋은 친구 사이임을

알 수 있으므로

이 상을 주어 칭찬함

2010년 OO월 OO일
늘 지켜보았던 독자 OOO

▶ 책 속에 길이!

● 우리 선생님이 최고야!

슬링어 선생님은 릴리가 생떼를 써도 화를 내지 않죠. 릴리는 집에서 선글라스, 동전, 손가방 등을 가져와 수업 시간을 방해하는 바람에 그만 선생님에게 그 물건들을 빼앗깁니다. 릴리는 종일 심술이 나 선생님을 미워하고 나쁜 도둑 선생님으로 만들어 놓죠. 선생님은 집으로 돌아가는 릴리에게 릴리의 물건을 고스란히 돌려주고 "오늘은 힘들어도 내일은 훨씬 좋아질 거다" 하는 편지와 함께 과자까지 챙겨 주셨어요. 선생님의 진짜 마음을 알게 된 릴리는 다시 신나게 학교를 다니며 슬링어 선생님처럼 좋은 선생님이 되기를 꿈꾼답니다.

> ❂ 이렇게 정 많고 자상하신 선생님께 무슨 상이 좋을까요? 곰곰이 생각해 보고 멋지게 꾸며 봅니다.

● 강아지똥

강아지똥은 아주 더럽고 아무 짝에도 쓸모없다고 이 사람 저 사람한테 구박을 받지만 마음속에 소망을 품어 봅니다. 자신도 할 수 있는 일이 있다고 굳게 믿고 있는 강아지똥. 어느 날은 풀숲에 있는 노란 민들레꽃이 활짝 피도록 도와줍니다. 그래요, 이 세상에 쓸모없는 것은 아무것도 없는걸요.

> ❂ 강아지똥에게는 어떤 상을 줄까요? 상장을 만들 때는 상을 주는 내용도 들어가야겠지요. 왜 상을 받는지 모른다면 안 되니까요. '이러이러해서 이런 상을 주노라' 하고 밝혀 줍니다.

다섯 인상 깊은 문장 옮겨 적기

책을 읽다 보면 아주 인상 깊은 문장들을 만날 수 있습니다. 우리의 기억력은 한계가 있기 때문에 잘 기억나지 않을 때가 많아요. '어쩜 이런 표현을 했을까!' 감탄만 하지 말고 그때그때 옮겨 적어 놓습니다. 그리고 친구들이랑 대화할 때나 독서록을 쓸 때 활용하도록 합니다. 그게 쌓이고 쌓이면 친구들 앞에서 놀라운 표현력이나 어휘력을 발휘할 수 있겠지요. 또 그것을 중심으로 감상을 펼쳐 적을 수도 있습니다.

《너는 특별하단다》에서 목수 아저씨인 엘리는 웸믹이라는 작은 '나무 사람들'을 만듭니다. 한 마을에 모여 사는 웸믹들은 금빛 별표와 잿빛 점표가 든 상자를 들고 다니며, 서로에게 별표나 점표를 붙입니다. 별표는 자랑거리였지만 점표는 창피하고 부끄러운 것이었어요. 펀치넬로는 칠도 벗겨져 있고, 재주도 잘 넘지 못해 친구들에게 점표를 많이 받았죠. 그런데 친구인 루시아는 아무 딱지도 붙어 있지 않아요. 펀치넬로는 그 비밀을 알고 싶어 묻습니다. 루시아는 엘리 아저씨를 만나러 간다고 했어요.

　신앙생활을 하는 친구들이라면 엘리 아저씨를 창조주라고 생각할 수도 있지요. 어딘가에 자신을 비추며 되돌아볼 수 있다면 남들의 딱지가 뭐 그리 대수겠어요. 내가 인정하지 않으면 그 딱지들은 나한테 아무런 의미가 없다는 이야기지요.

　이 책에는 좋은 문장들이 많이 나옵니다. 책을 읽은 후 인상 깊은 내용들을 옮겨 적어 봅니다.

'너는 특별하단다'의 특별난 문장

- 너는 특별하단다.
- 난 매일 엘리 아저씨를 만나러 가는 것뿐이야.
- 그들도 너와 똑같은 나무 사람들일 뿐이란다.
- 남들이 어떻게 생각하느냐가 아니라 내가 어떻게 생각하느냐가 중요하단다.
- 그 표는 네가 그것을 중요하게 생각할 때만 붙는 거야.
- 날마다 나를 찾아오렴.
- 나는 결코 좋지 못한 나무 사람을 만든 적이 없어.

▶ 책 속에 길이!

● 아름다운 농부 원경선 이야기

아무리 어려운 상황에서도 이웃과 함께 살아내고자 한 할아버지의 마음이 잘 담겨 있는 위인전입니다. 가진 것이 너무 없어 많이 배우지 못했어도 늘 한마음으로 열심히 노력해서 여러 사람들과 함께 살아가고 계신 할아버지의 이야기가 가슴 뭉클하게 해 줍니다.

위인전은 너무 두껍고 어려운 책 말고 조금 얇고 쉬워 보이는 책을 골라서 시작하세요. 위인전을 읽으면 아이들이 본받아야 할 점들이 많이 나옵니다. 닮고 싶은 위인의 인생관이 담긴 말들을 적어 두고 자꾸 읽어 보면 누구나 훌륭한 사람이 될 것입니다.

> 혼자 잘살기보다 여러 사람들이 함께 잘사는 세상을 만들기 위해 노력하신 원경선 할아버지의 정신이 담긴 문장들을 옮겨 봅니다.

● 새들은 시험 안 봐서 좋겠구나

이 책은 아이들이 직접 자신들의 마음을 시로 표현한 것을 엮어 놓은 어린이 시집입니다. 학교에서 친구들과 어울려 놀면서 있었던 일을 소재로 자신의 느낌을 담아냈기 때문에 이 책을 읽는 아이들이 쉽게 동화될 수 있답니다.

> 아이들은 모두 시인이라는 말이 있습니다. 다양한 시를 읽으며 자신의 마음과 똑같은 마음이 나타난 시를 통째로 옮겨 보게 해도 좋아요.

 생각그물로 표현하기

생각그물이란 생각나는 단어들을 그물처럼 연결망을 가지고 연결해 보는 겁니다. 그물은 촘촘할수록 많은 물고기를 낚을 수 있지요. 생각도 마찬가지예요. 촘촘히 서로 연결고리를 만들어 놓으면 글을 쓰기가 훨씬 수월합니다. 그만큼 단단히 자신의 생각을 묶어 놓는다고 생각할 수 있겠지요.

1. 책 제목을 중심으로 생각그물을 펼쳐요.

책 제목을 가운데 그려 놓고 그것을 중심으로 여러 가지를 가지고 펼쳐낼 수도 있어요. 주요 사건이나 등장인물, 공간적 배경, 시간적 배경 등을 주가지로 잡고 펼쳐 봅니다.

《살아 있는 땅》을 보면 땅속에 사는 여러 생물들도 나오고 땅의 구조도 나옵니다. 또 땅이 죽는 이유와 땅을 살릴 수 있는 방법도 알 수 있어요. 땅이 우리에게 주는 것도 나옵니다.

이것을 생각지도로 만들 때 가운데에 책 제목을 쓰고 주가지를 몇 개 잡아 봅니다. 땅을 살리는 방법, 땅이 죽는 이유, 지각 구조, 땅에 사는 생물, 땅이 주는 것과 느낀 점을 적고 내용을 적어 나가면 됩니다.

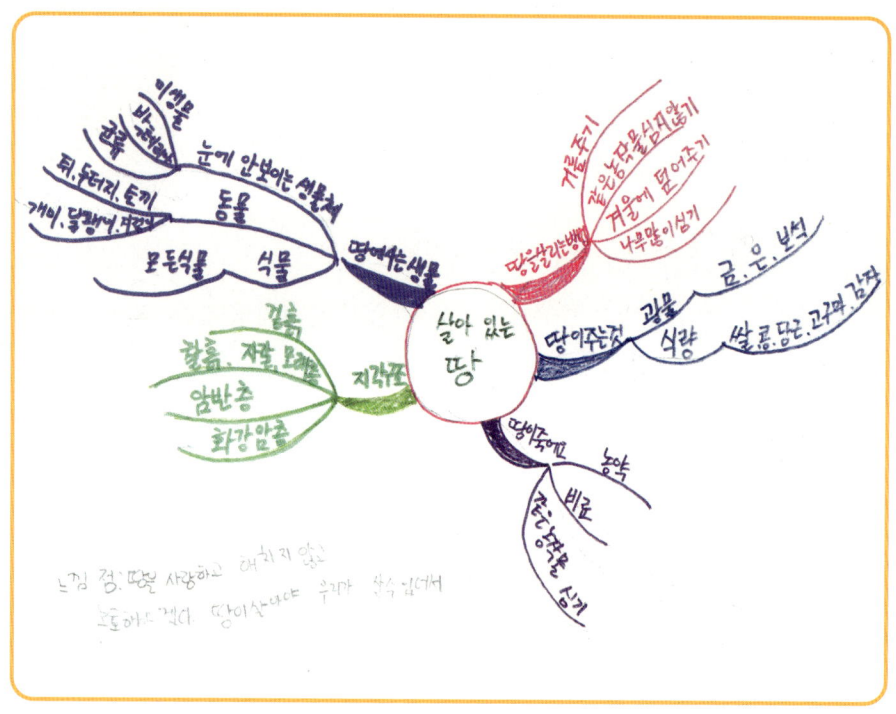

책 속에 길이!

● **아씨방 일곱동무**

이 책에는 바느질에 필요한 일곱 물건들이 나옵니다. 지금은 바느질을 별로 하지 않지만 예전에는 생활의 필수품이었지요. 바느질을 좋아하는 빨간 두건 아씨와 자, 가위, 바늘, 실, 골무, 인두, 다리미가 주인공이에요. 빨간 두건 아씨가 잠이 든 사이에 서로가 제일이라 잘난 척하고 싸우지만 결국은 그 누구도 없으면 바느질을 할 수 없음을 깨닫게 되지요.

> 중심에 아씨방 일곱동무라 써 놓고 가지치기를 해 봅니다. 한 장 안에 모든 내용이 다 들어갈 수 있습니다.

● **살아 있는 모든 것은**

살아 있는 모든 것은 어떻게 될까요? 모두 정해진 시간 안에서 살다가 갑니다. 정해진 시간은 수명이라고 하는데 그 안에 병들거나 다쳐서 죽기도 합니다. 수명을 다 살고 죽기도 하지요.

> 이 책을 읽고 사람은 물론 다른 모든 것들의 수명은 얼마나 되는지 책 제목을 중심으로 생각을 가지치기해 봅니다.

2. 단어를 중심으로 생각그물을 펼쳐요.

책을 읽고 생각나는 단어를 적어 봅니다. 그 낱말을 중심으로 어휘를 펼쳐 나갈 수 있어요. 어휘를 펼치는 것은 비교적 쉽답니다. 어떤 연관성보다는 자유연상에 의해 떠오르는 대로 펼쳐 나가면 되니까요. 가끔 처음의 단어에서 맨 나중의 단어는 전혀 상관없는 듯 벌어지는 경우도 있어요. 이런 친구는 사고의 폭이 자유롭고 넓다고 할 수 있겠지요.

어휘 펼치기는 책 내용 중심이 아니라 어휘 하나를 중심으로 자유롭게 떠오르는 대로 펼쳐 봅니다. 개수도 상관없고, 직접적인 관계가 없어도 됩니다. 이미 머릿속에서는 단어들이 연결고리를 갖고 펼쳐지는 것이니까요. 그리고 낱말들을 쭉 이어서 여러 개의 문장으로 만들면 한 편의 글이 됩니다.

《도서관》의 엘리자베스 브라운은 한평생 책만 좋아하고 읽다가 결국 자기의 집과 책을 시에 기증하여 도서관으로 만들어 버립니다. 할머니가 된 엘리자베스 브라운은 친구네 집에서 살면서도 날마다 '엘리자베스 브라운 도서관'을 찾아가 책을 읽네요.

이 책을 읽고 단어를 중심으로 생각그물을 펼치는 연습을 해 볼까요? 도서관

하면 아마도 공부라는 단어가 가장 먼저 떠오를 것 같군요. 그럼 도서관 다음에 '공부'를 쓰면 됩니다. 이렇게 앞의 단어에서 연상되는 단어들을 생각나는 대로 쭉 적어 봅니다.

> 도서관 – 공부 – 학생 – 학용품 – 문방구 – 아줌마
> – 친절 – 잔소리 – 성공 – 사랑 – 부부

이제 위의 어휘들을 가지고 글을 써 볼까요?

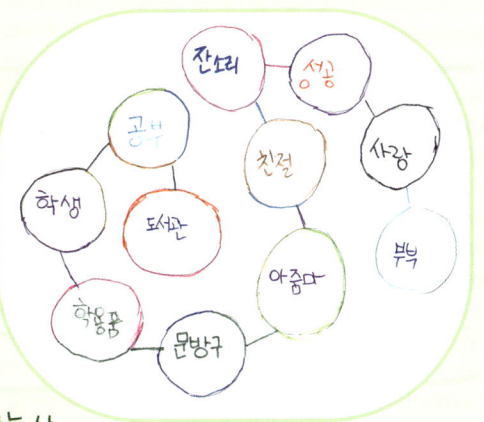

도서관에 가면 공부를 열심히 하는 학생들을 볼 수 있다. 자리에 앉아 여러 가지 학용품을 꺼내 놓는다. 그것들은 대부분 학교 앞 문방구에 가면 살 수 있다. 문방구 아줌마는 항상 친절하다. 우리 엄마도 늘 친절했으면 좋겠다. 입만 열면 잔소리다. 잔소리쟁이신가 보다. 하지만 그게 다 성공하는 사람이 되라고 하는 사랑의 표현이겠지만 어쨌든 듣기 싫을 때도 있다.

서로 사랑해서 부부가 되어 나를 낳았을 텐데 왜 잔소리를 많이 하시는 걸까?

▶ 책 속에 길이!

● **똥벼락**

이 책에는 착하고 성실한 돌쇠아범이 나옵니다. 오랜 기간 일해 준 쇠경으로 돌밭을 하나 받지요. 똥은 반드시 집에서 누고 밖에 있는 똥이란 똥은 모두 주워 오지요. 그런 그에게 큰일이 일어났어요. 남의 잔칫집에 갔다가 응가가 마려워 집으로 달려오다 그만 숲에서 똥을 누게 되었지 뭐예요. 돌쇠아범의 오줌발에 놀라 깬 도깨비를 보고 놀란 돌쇠아범은 똥 위에 철퍽 주저앉아 버리고 똥이 아까워 엉엉 울지요. 돌쇠아범은 도깨비의 도움으로 김부자네 똥을 실컷 얻어 기름진 땅을 만들어 많은 수확을 거두게 되었답니다.

이걸 안 김부자는 배가 아픈데 돌쇠아범이 밭에서 금반지를 주워 갖다 주자 기회는 이때다 하고 똥을 도로 갚거나 농사지은 것을 달라고 합니다. 너무 어이없어 엉엉 우니 도깨비가 나타나 세상의 모든 똥이란 똥은 김부자에게 돌려주어 김부자는 똥무더기에 깔려 죽었답니다.

> 🎯 똥 하면 생각나는 단어는 무엇인가요? 자, 이제 출발! 많이많이 확장시키고 문장으로 만들어 보세요. 전혀 새로운 이야기가 만들어질 거예요.

일곱 여러 가지 그림으로 표현하기

읽고 싶은 책을 읽은 다음 책 내용을 그림으로 나타낸다면 어떻게 나타낼지 생각해 보도록 합니다. 그리고 직접 그림으로 그려 봅니다. 그림을 그릴 때는 책 속에 나오는 그림보다는 책을 읽고 떠오르는 이미지대로 그려 보는 게 더 좋습니다. 책 속에 나오는 그림은 그림을 그린 작가의 생각이니까요.

1. 책의 얼굴인 책표지를 그려요.

우리는 모두 다 다른 얼굴을 가지고 있습니다. 그래서 누구는 예쁘다, 누구는 귀엽다, 누구는 잘생겼다, 그런 말을 합니다. 어떻게 생겼건 대부분 첫인상을 보고 마음에 쏙 들어 하거나 별로라고 생각을 하게 됩니다.

서점에 가면 수많은 책들이 있습니다. 그 많은 책들을 다 읽어 볼 수는 없지만 이 책은 마음에 든다, 저건 마음에 안 든다, 그런 생각을 하게 되죠. 무엇을 보고 그렇게 생각을 할까요? 많은 이유가 있겠지만 책표지를 보고 살까 말까 결정을 하는 경우 또한 많습니다.

책표지는 책의 얼굴입니다. 얼굴이 그 사람의 인상을 좌우하듯이 책표지 또한 그 책의 인상을 좌우합니다. 특히 아이들은 책을 살 때 겉표지를 많이 봅니다.

만약 내가 이 책을 만드는 사람이라면 책표지를 어떻게 만들까요?

먼저 책 내용을 잘 나타내 주는 그림이나 문구를 찾아서 넣어 봅니다. 이게 바로 이 책의 핵심이라는 걸 잘 나타내 주어야 합니다. '겉의 글자 색깔은 뭐로 하고 글자 크기는 얼마만한 크기로 쓸까?', '어떤 그림을 그릴까?' 등등 생각하고 결정할 게 참 많군요. 표지에 들어갈 그림은 한눈에 확 들어오도록 그리는 게 중요합니다. 그리고 '무슨 문구를 써 넣으면 사람들이 사 볼까?' 생각해서 책 내용과 어울리는 문구도 집어넣어 보는 거예요.

《딸기나라 딸기우유》에는 딸기우유를 세상에서 제일 좋아하는 베리가 주인공입니다. 베리는 딸기우유를 직접 만들어 먹고 싶어 부모님의 마법책의 힘을 빌려 만들기도 하고 딸기우유 열매가 열리는 나무를 만들기도 하고, 딸기우유가 펑펑 솟는 샘을 생각해 내지만 매번 젖소 '매애' 때문에 계획이 잘 안 풀리죠. 하지만 결국 매애 덕분에 맛있는 딸기우유를 날마다 먹게 되었답니다.

이 책의 겉표지를 만든 친구가 있네요. 딸기 우유를 만드는 베리를 그렸군요.

딸기나라 딸기우유

제1장 책 읽고 자유롭게 표현하기

▶ 책 속에 길이!

● 당나귀 실베스터와 요술 조약돌

실베스터가 요술 조약돌을 주워서 집에 돌아오다가 사자를 만나는 바람에 깜짝 놀라 바위가 되어 버립니다. 그렇게 1년이 지나죠. 실베스터가 사라져 버려 실베스터의 부모는 얼마나 놀라고 슬펐겠어요. 실베스터 부모님이 1년 뒤에 슬픔을 달래기 위해 나들이를 했는데 그 장소가 바로 바위로 변한 실베스터가 있는 곳 아니었겠어요. 실베스터 부모님은 예쁘고 빨간 조약돌을 발견하고 바위 위에 올려놓습니다. 그 순간 실베스터는 정말 간절히 원합니다. 당나귀가 되고 싶다고! 이 책의 표지는 엄마 당나귀가 이웃에게 실베스터의 행방을 묻는 장면입니다.

> 이 책을 직접 만든다면 어떤 장면을 책표지로 하고 싶은지 만들어 봅니다. 상상력의 나래를 펼치기에 좋은 활동입니다.

● 해와 달이 된 오누이

이 이야기는 여러 종류의 책으로 나와 있지만 내용은 모두 비슷하답니다. 엄마가 일을 하고 집으로 돌아오는 길에 호랑이를 만납니다. 호랑이가 요구하는 것을 다 들어주었는데도 결국 호랑이에게 잡아먹힙니다. 호랑이는 오누이가 있는 집에 와서 둘마저 잡아먹으려 하지요.

> 여러 종류의 책으로 나와 있어 책표지도 출판사마다 모두 다릅니다. 자기의 생각이 담뿍 담긴 책표지를 만들어 봅니다.

2. 주인공의 모습을 그려요.

책을 보다 보면 같은 제목의 다른 책을 만나기도 합니다. **《반쪽이》**는 출판사가 다르고 그림을 그린 선생님도 다른 책이 몇 권 나와 있어요. 두 권을 골라 나란히 놓고 살펴보세요. 두 권의 느낌이 아주 다릅니다. 똑같은 옛날 이야기 **《반쪽이》**를 보았지만 두 명의 그림 작가 선생님들은 자기가 생각하는 반쪽이의 특징을 살려서 그림을 그린 거랍니다. 어떤 반쪽이가 더 마음에 드나요? 꼭 마음에 들어 할 필요는 없어요. 벌써 마음속에는 나만의 반쪽이가 떠올랐을 테니까요. 그걸 그려 보는 겁니다.

또 다른 책도 있어요. 바로 **《팥죽할머니와 호랑이》**예요. 같은 내용인데 그림이 다른 두 책이 있어요. 책 크기부터 그림의 모양까지 아주 많이 다르답니다. 한쪽 호랑이는 털 하나하나까지 세밀하게 표현되어 있습니다. 이 책의 모든 그림들이 세밀하게 표현되어 있답니다. 이게 바로 세밀화예요. 또 한 권의 책은 둥글둥글하지만 친근감이 느껴지지요. 어떤 것이 더 좋다, 싫다기보다는 서로 다른 특색을 느껴 보세요. 그리고 내가 이 이야기의 그림을 그려 본다면 어떻게 그릴지 생각해 보는 거예요.

주인공의 모습은 그림을 그리는 사람의 상상 속에서 탄생합니다. 어떤 주인공은 딱 마음에 드는데 어떤 주인공은 마음에 안 드는 경우도 있을 거예요. 아이가 나타내고 싶은 이 책의 주인공은 어떤 모습일지 특징적인 면을 잡아서 그려 보게 합니다. 그렇게 하려면 책을 잘 읽는 게 중요합니다. 책의 느낌이 잘 살아나도록 나타내야 하거든요. **《여우누이》**도 다른 작가들이 그린 책이 있고, **《이야기는 이야기》**도 약간 다른 두 이야기가 있어요. 이 책들을 읽고 나만의 주인공을 그려 봅니다.

옛날이야기는 오랜 옛날부터 입에서 입으로 전해져 내려오는 것이라서 그림이 없는 경우가 더 많아요. 물론 요즘은 그림책으로 나오는 경우도 많지만요. 그것은 요즘 작가 선생님의 상상에서 탄생한 주인공이거든요. 주인공을 상상해 보는 것, 누구라도 잘할 수 있답니다.

책 속에 길이!

● **땅속 나라 도둑 괴물**

결혼식을 올린 신랑이 신부를 데리고 집으로 돌아가다 도둑 괴물에게 신부를 그만 빼앗기고 맙니다. 신랑은 신부를 찾기 위해 멀고도 험한 모험의 길을 떠납니다. 과연 신부를 찾을 수 있을까요?

> 땅속 나라 도둑 괴물은 어떻게 생겼을까요? 또 새신랑은 어떻게 생겼을까요? 그림은 그리는 사람의 마음대로 그리는 겁니다. 맘껏 주인공의 모습을 표현해 봅니다.

● **심청전**

심청이도 오랫동안 우리나라 사람들의 판소리 속에 살아 있는 주인공입니다. 심청이 아버지는 눈이 뜨고 싶어 공양미 삼백 석을 스님께 바치기로 약속해 버립니다. 심청이는 삼백 석을 마련하고자 선원들에게 자신의 몸을 제물로 팔고 인당수에 몸을 던집니다. 효심이 지극하니 용왕님이 구해 주고 아버지의 눈도 뜨게 해 줍니다.

> 효성이 지극한 딸로 우리들 가슴속에 자리 잡고 있는 심청이는 어떤 모습일까요? 머릿속에 떠오르는 심청이의 모습을 그려 봅니다. 심청이의 상징인 연꽃도 함께 표현해 봐도 좋을 것 같네요.

3. 인상 깊은 장면을 그려요.

책 속의 그림들을 살펴보세요. 그림책은 작은 이야기의 부분까지 그림으로 나타내져 있거나 글보다 더 많은 그림들이 이야기를 하고 있지만, 동화의 경우는 대부분 이야기 중 인상 깊은 장면들이나 중요하다고 생각하는 것을 그림으로 옮겨 놓습니다. 이처럼 책을 읽고 마음속에 남는 부분을 그림으로 표현해 봐도 됩니다. 그림 그리는 선생님이 미처 생각하지 못한 면을 찾아낼 수도 있어요. 사람마다 마음에 와 닿는 부분이 다르거든요. 또 그림을 그리는 선생님이 생각한 부분과 같은 부분일지라도 다르게 표현될 수 있습니다.

'내가 그림 작가라면 나는 이 장면을 꼭 그리겠다' 하는 것을 그려 봅니다. 주의해야 할 점은 책 속의 그림을 그대로 따라 그리는 것보다는 자신이 생각한 대로 그리는 게 더 좋아요. 아무리 생각해도 생각이 안 나면 그림책의 그림을 살짝 흉내 내 보세요. 모방은 창조의 어머니라니까요.

《강아지똥》은 아주 유명한 그림동화예요. 원래는 이야기만 있던 동화를 그림을 그리는 선생님이 그림을 덧붙여 더욱 유명한 그림동화책이 되었답니다. 흰둥이가 눈 더럽기만 한 강아지똥. 아무짝에도 쓸모없다고 슬퍼하던 강아지똥이 민들레를 만나 민들레를 피우는 데 꼭 필요하다는 이야기를 듣고 기꺼이 자신의 몸을 녹여 예쁜 민들레꽃을 피워 내는 이야기죠. 이 책을 읽고 강아지똥이 땅속으로 녹아들어가 민들레꽃을 피우는 장면을 그림으로 그렸네요.

강아지똥

제1장 책 읽고 자유롭게 표현하기

4. 느낌을 살려 독서감상화를 그려요.

독서 후 그리는 감상화는 독서감상문과 같아요. 독서감상문은 글로 쓰는 것이고 독서감상화는 그림으로 그리는 것이 다를 뿐입니다. 그런데 어떤 아이들은 책 속 그림을 그대로 따라 그리는 경우가  있는데, 이는 독서감상화라 할 수 없답니다. 그것은 책 내용을 그대로 그림으로 옮겨 놓은 것이기 때문이에요. 독서감상문이 책을 읽고 난 후 자신의 느낌이나 생각을 글로 쓴 것이라면, 독서감상화도 책을 읽고 난 후 자신의 느낌이나 생각을 그림으로 표현해야겠지요. 책 내용이 들어가더라도 느낌이나 생각이 꼭 같이 들어가야 합니다. '이 책은 이렇게 끝났으면 좋겠다' 라든지, '내가 주인공이라면 이렇게 했겠다' 라는 생각을 그림으로 표현하면 됩니다. 또 책에서 받은 인상이나 주인공에게 받은 느낌을 그림으로 표현해 봅니다.

《존 아저씨의 꿈의 목록》에는 존 아저씨가 꿈을 이루도록 만들어 준 꿈의 목록들이 들어 있습니다. 무엇을 해야 할지 모를 때는 이런 책을 읽어 두면 도움이 됩니다. 여러분의 꿈은 무엇인가요? 그것을 이루기 위해 할 수 있는 일들은 무엇일까요?
책을 읽고 자신의 꿈 목록을 만들어 본 어린이가 있네요. 함께 볼까요?

혜린이의 꿈의 목록

제1장 책 읽고 자유롭게 표현하기 | 65

책 속에 길이!

● 아빠는 지금 하인리히 거리에 산다

벤의 부모는 점점 사이가 나빠져 이혼하기로 하죠. 그것을 지켜보는 벤은 너무도 슬픕니다. 벤은 부모님의 일이 어떤 결론에 이르기를 바랐을까요?

✿ 벤의 슬픈 마음을 담아 독서감상화를 그려 봅니다.

● 박타령

박타령은 아주 오래된 우리나라의 옛날이야기입니다. 마음씨 착한 흥부와 마음씨 고약한 놀부의 이야기를 모르는 사람은 없겠지요.

✿ 이 책을 읽고 가장 감동 받은 부분을 그림으로 나타낸다면 어떤 그림을 그리고 싶은가요? 그것을 그리면 독서감상화가 된답니다.

5. 만화로 표현해요.

우리나라에서 몇 년 전에 어느 집에나 있던 책이 바로 **《만화로 보는 그리스 로마 신화》**입니다. 만화로 되어 있어서 누구나 쉽게 읽을 수 있는데다 그림이 예뻐서 특히 여학생들이 아주 좋아했지요.

이 책은 이미 오래전부터 있어 왔던 책을 어느 만화가가 그림으로 재구성한 것입니다. 그것이 폭발적인 인기를 누리게 된 것이지요. 요즘 아이들은 만화를 좋아하기 때문에 읽은 책을 만화로 다시 그려 보게 하면 아주 좋아합니다. 또 아직 그 책을 읽지 않은 친구에게 자신이 그린 만화를 보여 주면서 친구를 책 속으로 빠져들게 해 봅니다. 누가 아나요. 이담에 그리스 로마 신화에 그림을 그린 만화가처럼 아주 유명한 만화가가 될지도! 정확한 내용을 몇 컷짜리 만화로 담아낼까 고민 좀 해야 할 거예요.

《나야? 고양이야?》의 나는 초록모자를 쓴 할머니의 방문을 받은 다음 날 고양이로 변해 버렸어요. 하지만 크게 걱정은 안 해요. 왜냐하면 학교에 안 가도 되니까요. 장식장을 넘어뜨려 밖으로 쫓겨난 나는 느긋하게 고양이의 삶을 즐겨보려 하지요. 하지만 고양이의 삶도 그리 만만치는 않습니다. 깡패 고양이도 만나야 하고 불친절한 옆집 개도 만나야 했으니까요. 그런데 고양이로서의 삶은 금방 끝나요. 초록모자를 쓴 할머니가 집을 잘못 찾았었다고 다시 나로 바꿔 주었으니까요. 제대로 찾은 집에 사는 사람은 누구였을까요? 다음 날 선생님은 교탁 위에 앉아 혀로 핥고 있었답니다. 이 책을 어린이가 만화로 재구성을 했네요.

나야? 고양이야?

▶ 책 속에 길이!

● 너하고 안 놀아

포도송이를 들고 야금야금 먹는 기동이와 그것을 먹고 싶어 갖고 있는 구슬과 바꾸고 싶어 하는 노마. 처음엔 기동이가 좋아하지만 나중에는 노마가 좋아하지요. 어떤 장면, 어떤 표정이 될지 궁금합니다.

> 노마의 이야기를 만화로 그려 봅니다. 여러 가지 이야기가 있으니까 그중에 하나를 그려 봐도 좋아요.

● 개구리네 한솥밥

마음 착한 개구리는 어려운 처지에 놓인 동물 친구들을 하나하나 도와줍니다. 그 동물들은 다리 다친 소시랑게, 길 잃은 방아다리, 땅 구멍에 빠진 소똥굴이, 풀대에 걸린 하늘소, 물에 빠진 개똥벌레입니다. 이들은 개구리가 벼를 얻어 집으로 돌아오는 길에 도움으로 은혜를 갚죠. 그래서 밥을 지어 모두 함께 둘러앉아 밥을 나누어 먹습니다.

> 개구리가 얼마나 착한지 책을 읽고 한 장면 한 장면 그려 봅니다. 재미있는 만화가 될 거예요.

여덟 주인공과 인터뷰하기

　인터뷰란 기자가 취재를 위해 특정한 사람에게 궁금한 점을 물어보는 걸 말합니다. 책 속에는 많은 인물들이 나옵니다. 그들이 살아 움직이는 사람이라면 무엇이 궁금할까요? 책 속 인물을 만난다면 무엇을 물을지 생각해 보고, 질문을 만들고, 또 그 인물의 입장에서는 어떤 대답을 할지 생각해 답변을 해 봅니다. 책을 제대로 알고 있어야 제대로 된 질문과 답변이 나올 수 있겠군요. 아이와 엄마가 함께 역할을 정해서 직접 해 봐도 좋고 독서그룹 친구들이 있다면 역할을 나누어서 해 보는 것도 좋겠군요.

　인터뷰를 한 후의 느낌을 글로 써 보는 것도 좋아요. 기자 역할을 할 때는 어떤 마음이 들었고 또 주인공 입장이 되어 인터뷰를 할 때는 어떤 마음이 들었는지 정리해서 쓰면 됩니다. 아이들이 이다음에 커서 인터뷰를 하는 사람이 될 수도 되고 인터뷰를 당하는 사람이 될 수도 있습니다.

책 내용을 제대로 이해하지 못한 아이들은 엉뚱한 답을 할 수도 있어요. 그래서 책을 설렁설렁 보면 안 되고 꼼꼼하게 읽어서 책 내용을 정확하게 이해해야 합니다.

《잭과 못된 나무》의 잭 박사는 채소를 기르다 더디 자라는 것을 못 견뎌 속성 재배하는 방법을 개발해 냅니다. 그런데 나무가 쑥쑥 자라 오존층을 뚫어 우주까지 뻗어 올라가는 바람에 여러 가지 문제들이 발생합니다. 잭 박사는 도대체 무슨 생각을 하고 있을까요? 궁금한 점들을 모아서 인터뷰를 해 봐야겠군요.

한 친구가 잭 박사에게 묻고 답한 글을 읽어 볼까요?

 '잭과 못된 나무'를 읽고

기자	지금 여기 세계에서 가장 빨리 자라는 나무를 보러 현장에 와 있습니다. 잭 박사를 만나 연구에 얽힌 이야기를 직접 들어 보도록 하겠습니다. 잭 박사님, 연구 결과가 이렇게 거대한 나무로 나타났는데 이런 실험을 왜 하게 되셨나요?
잭 박사	제가 식물 키우는 게 취미거든요. 그런데 당근도 토마토도 모두 자라는 게 신통치 않은 거예요. 너무 더디 자라 기다릴 수가 없었어요.
기자	아, 그래서 이런 연구를 하셨군요. 어떤 방법으로 연구를 하셨는지….

잭 박사	그거야 뭐 쉬워요. 몇 가지 약품을 섞었더니 되더라고요.
기자	이 연구는 어떤 좋은 점이 있을까요?
잭 박사	그거야 물론 식물이 팍팍 자란다는 거지요. 토마토를 먹고 싶을 때 아침에 토마토를 심으면 저녁에 따 먹을 수 있어요. 당근을 먹고 싶어도 마찬가지고요. 얼마나 신납니까! 아침에 심어 저녁에 먹는다! 또 열매 크기가 엄청 커서 하나를 가지고도 몇 날 며칠 동안 먹을 수 있으니까 다른 사람들과 나누어 먹어도 좋고요. 이 연구로 아프리카 난민도 모두 구할 수 있을 거예요.
기자	정말 대단한 연구입니다. 정말 그렇겠네요. 그런데 부작용 같은 거 없을까요? 너무 크게 자라서 처치가 곤란하다든지, 연구해서 나온 먹을거리들을 먹었을 때 사람 몸에 해는 없는지, 이런 거 다 연구하신 거죠?
잭 박사	네? 저는 그런 생각은 안 해 봤는데요. 제 관심은 오로지 빨리 자라는 거밖에 없어서요. 빨리 자란다고 무슨 큰일이 있을라고요. 저는 아무 걱정 없답니다.
기자	네, 지금까지 잭 박사님의 말씀을 잘 들어 보았습니다. 그런데 정말 아무 일이 없을지 모르겠네요. 정말 그렇다면 인류에게 아주 큰 도움을 주는 발명이 될 것 같습니다. 이상입니다.

▶ 책 속에 길이!

● 엉뚱이 소피의 못 말리는 패션

주인공 소피는 정말 엉뚱하지만 옷 입는 것에 있어서는 둘째가라면 서러워할 패션 감각이 있어요. 남들과 똑같이 입는 것은 질색이에요. 그런 소피를 사람들은 이상하다고 생각해서 고쳐 놓으려 하지만, 결국 소피의 창의성은 인정을 받게 됩니다. 패션 기자의 눈에 띄어 신문에 나왔거든요.

> 패션 기자가 되어 소피에게 묻고 싶은 것을 물어보세요. 소피는 어떤 답들을 했을까요?

● 돼지책

가족이 요구하는 모든 것을 들어주는 엄마가 있습니다. 하루 온종일 피곳 부인은 지친 표정으로 가족을 위해 애씁니다. 마침내 피곳 부인은 "너희들은 돼지야"라는 말을 남긴 채 집을 나가 버립니다. 그리고 가족들은 하루하루 지나갈수록 돼지가 되어 갑니다. 그러던 어느 날 피곳 부인이 다시 돌아와 돼지가 된 그들을 구해 주지요. 물론 그 후로 서로 도와가며 살아요.

> 가족을 위해 희생을 했던 피곳 부인에게 꼭 묻고 싶은 질문은 무엇인지 인터뷰해 봅니다.

아홉 독서퀴즈 만들기

책을 읽은 후에 독서퀴즈를 만들어 보라 하면 아주 쉽게 생각하는 아이들이 있어요.

"책 보면서 그냥 문제 만들면 되는 것 아닌가요? 에이, 이건 너무 쉽잖아요."

그렇지 않습니다. 문제를 만들 때는 반드시 자신이 알고 있는 것을 문제로 내야 하거든요. 독서퀴즈는 모르는 것을 내는 것이 아니라 아는 것을 문제로 내는 겁니다. 그것을 어떻게 하면 정확히 표현할 수 있을까 생각해 봅니다. 그리고 문제를 다 낸 뒤에는 함께 공부하는 친구들과 독서퀴즈를 하도록 합니다. 그때 정확히 알고 있어야 답을 알려줄 수 있겠지요. 자신도 모르는 문제를 냈다가는 낭패입니다.

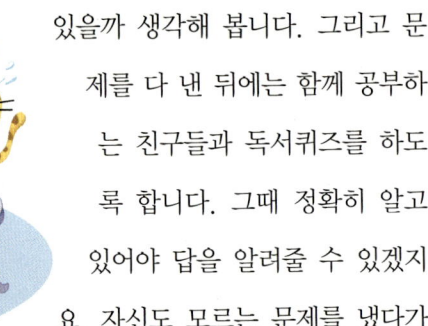

《선인장 호텔》은 사구아로 선인장의 생태를 다룬 그림책입니다. 눈에 띄지도 않을 작은 선인장 씨가 싹을 틔워 엄마보다도 아빠보다도 더 크게 자라 자동차 다섯 대의 무게와 아파트 몇 층 높이의 크기로 자라납니다.

그리고 200년 동안 살면서 여러 생물들의 호텔 역할을 하며 살다가 쓰러집니다. 하지만 염려할 것 없어요. 그 선인장은 쓰러졌지만 어느새 주변은 온통 사구아로 선인장 숲이 되었으니까요.

다음은 이 책을 읽고 만든 독서퀴즈입니다. 물론 다른 내용으로 독서퀴즈를 만들어 봐도 됩니다.

 '선인장 호텔'을 읽고 난 후 만든 독서퀴즈

1. 사구아로 선인장이 최초로 꽃을 피우려면 몇 년째가 되어야 하나요?
2. 선인장은 어떻게 호텔이 되었나요?
3. 선인장이 살아 있을 때 머무는 동물들은 누가 있을까요?
4. 사구아로 선인장이 다 자라면 무게와 크기는 어느 정도일까요?
5. 선인장이 쓰러진 후에 머무는 동물들은 누가 있을까요?

▶ 책 속에 길이!

● **내 꼬리가 최고야**

이 책에는 여러 가지 동물들의 이야기가 아주 많이 나옵니다. 동물들에 대해 새로 알게 된 내용도 많고 궁금한 점도 많을 겁니다.

◎ 이 책을 읽고 알게 된 내용을 중심으로 독서퀴즈를 만들어 친구들과 함께 퀴즈놀이를 해 봅니다.

● **마들렌카**

마들렌카는 이가 흔들려 이웃에게 알리러 달려 나갑니다. 거기서 자기가 살고 있는 그 마을의 다양한 사람들을 만나지요. 인사말도 각각 나라마다 다릅니다. 한 집의 꼬마 마들렌카는 한 마을 속에, 한 나라 속에, 한 대륙 속에, 한 행성 속에, 한 우주 속에 살고 있음을 알게 됩니다.

◎ 마들렌카 이야기를 읽고 알게 된 사실을 가지고 독서퀴즈를 만들어 봅니다.

 나만의 책 만들기

책 만들기는 완성감이 있고 모아 두면 아주 멋진 자신의 작품집이 될 수 있어서 좋아요. 일상 중에 있었던 이야기나 상상해 낸 것을 책으로 만들 수도 있지만 책을 읽고 나서 책을 다시 써 볼 수도 있고, 감상문을 책의 형식에 담아낼 수도 있고 책 속에 나오는 낱말들을 찾아 낱말 사전을 만들 수도 있겠지요. 모양은 다양하게 꾸밀 수 있지만 여기서는 내용에 대한 것만 이야기할게요.

1. 책을 간단하게 재구성해서 다시 만들어요.

책을 읽고 나서 책을 다시 만들어 봅니다. 이 책을 내가 만든다면 어떻게 만들지 내용이 들어가야 하고 그림이 들어가야 하겠지요. 재미있는 옛날이야기를 책 속에 담아내도 좋아요. 옛날이야기는 입에서 입으로 전해져 내려오는 이야기라서 그림이 남아 있지는 않거든요. 그것을 몇 장면으로 나눌 것인지 나눈 다음 그림은 어떤 장면을 그릴 것인지 생각해 보고 책으로 만들어 봅니다.

책 만들기는 생각만큼 어렵지 않습니다. 제일 간단한 방법은 아코디언 북이랍니다. 아코디언은 부채 같기도 하고 병풍 같기도 하죠. 그냥 보통 쓰는 종이를 가로로 놓고 네 번 혹은 다섯 번 접어서 방향을 정해 이야기를 진행시키면 되죠. 예쁜 크레파스나 색연필로 그려 주거나 사인펜으로 글을 써 넣으면 됩니다. 너무 시시하다 생각되면 윗부분을 곡선으로 잘라주면 접었을 때 더 멋지답니다. 색지로 하면 더 고급스럽지요.

《거미 아난시》라는 책의 주인공인 아난시는 기발하기 짝이 없습니다. 물론 말썽을 부릴 때도 있지만 문제를 어떻게 해서든 해결하는 능력은 진짜 대단합니다. 아난시가 내기를 멋지게 이겨내는 꾀는 정말 기발합니다.
아난시의 이야기를 간단하게 재구성해서 책으로 만든 친구의 작품을 한번 볼까요?

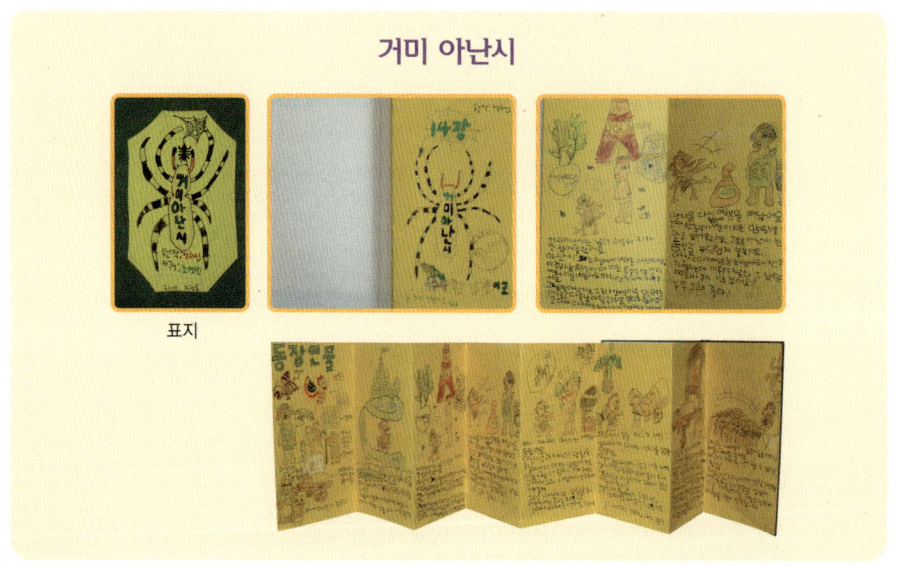

책 속에 길이!

● **쉽게 찾는 우리 나무, 쉽게 찾는 우리 꽃 시리즈**

우리 주변의 나무나 꽃을 관찰하기에 아주 좋은 책들입니다. 〈쉽게 찾는 우리 나무〉는 지역별로 나누어 놓았고 〈쉽게 찾는 우리 꽃〉은 계절별로 나누어 놓았어요. 봄이라면 봄꽃 책을 들고 나가고 여름이라면 여름꽃 책을 들고 나갑니다. 나무를 보기 위해서는 도시에 산다면 도시나무를 들고 나가면 되겠어요.

> 책을 들고 집 주변을 한 바퀴 돌아보세요. 그리고 우리 집 주변에는 어떤 나무가 있는지 꽃이 있는지 알아내어 집 주변에서 볼 수 있는 것들을 사진으로 찍거나 그림으로 그려 나만의 도감 책을 만들어 보아요.

● **신통방통 도깨비**

이 세상의 도깨비들이 다 모여 있는 듯 도깨비와 관련된 옛날이야기들만 모아 놓은 책입니다. 돈 갚은 줄 모르고 계속 갚는 도깨비도 있고, 착한 아우 도와주고 심술궂은 형 혼내주는 정의의 도깨비도 있고, 메밀묵을 좋아하는 도깨비도 있군요.

> 마음에 드는 도깨비 얘기를 하나 골라 자기만의 이야기로 재구성해서 책으로 만들어 봅니다. 직접 만든 책은 두고두고 읽어도 재미있답니다.

2. 감상문을 모아 책으로 만들어요.

독서감상문을 원고지나 독서노트에 적을 수도 있지만 그것들을 모아 한 권의 책으로 만들어 놓는다면 멋진 책이 될 겁니다. 매번 모든 책을 그렇게 해야 한다면 부담 백배지만 책을 읽고 이 책만은 오래오래 감상을 남기고 싶다면 그렇게 해 봐도 좋아요.

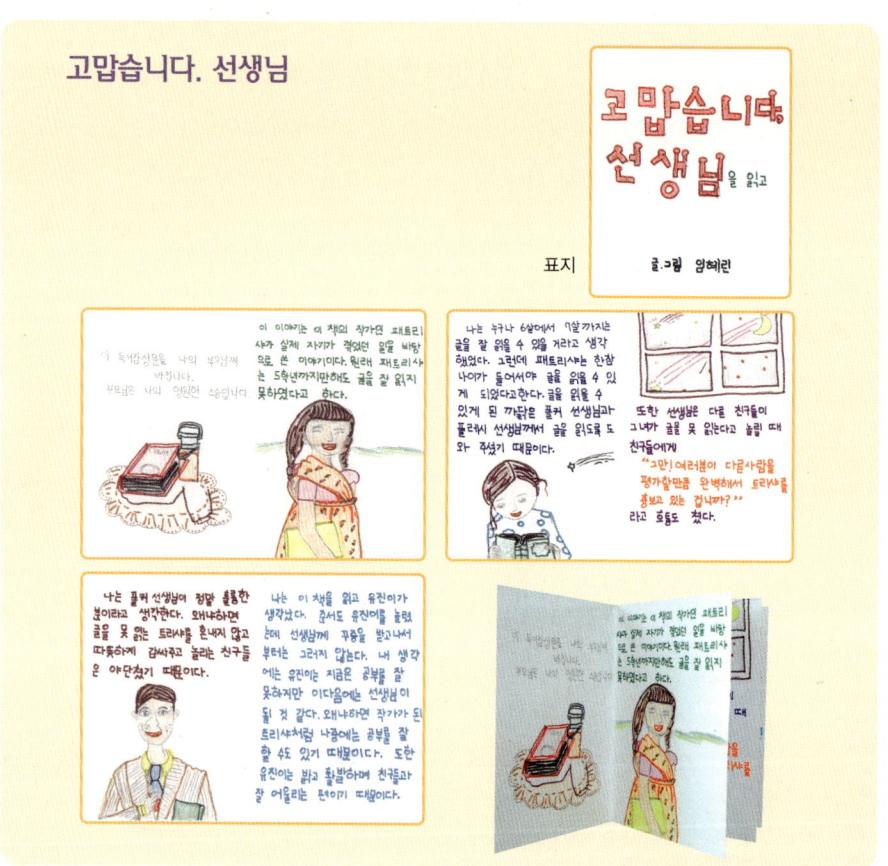

3. 책에 나오는 단어들을 모아 사전을 만들어요.

책 속에 나오는 새로운 단어들을 모아 사전에서 뜻을 찾아 낱말 사전을 만들어 보세요. 책을 읽을 때마다 그 책에서 나오는 어려운 어휘들을 찾아 책으로 만든다면 낱말 박사가 될 거예요. 그냥 수첩에 적어 볼 수도 있지만 책의 형식에 담아낸다면 더욱 근사할 거예요.

《누가 내 머리에 똥 쌌어?》의 두더지는 어느 날 해가 떴나 안 떴나 보려고 땅 위로 머리를 쏙 내미는데 머리 위로 똥이 떨어졌어요. 두더지는 범인을 잡겠다는 일념으로 더러운 줄도 모르고 동물 친구들을 만나 똥을 확인합니다.

두더지를 따라가 보아요. 동물들의 똥을 만날 수 있답니다. 이 책을 읽고 똥 사전을 만들었네요.

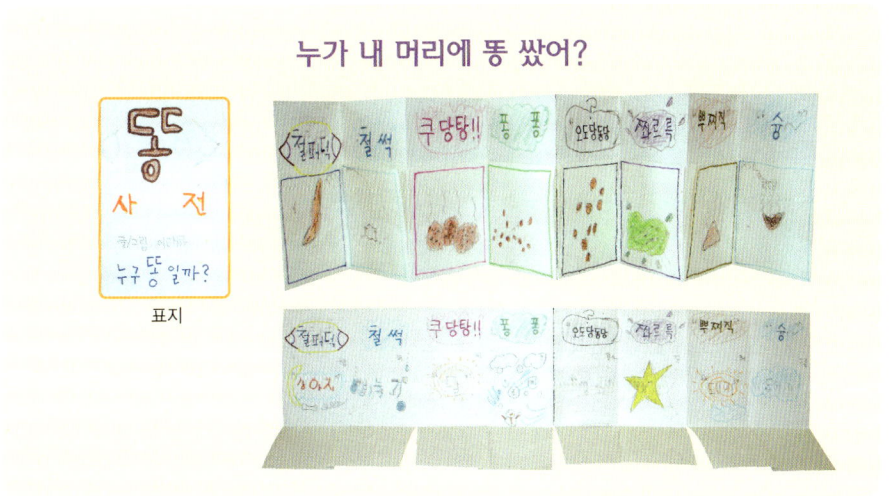

▶ 책 속에 길이!

● **달님이 본 것은**

해님은 자기가 본 것들을 달님에게 자랑합니다. 해님은 집의 안과 밖도, 도시와 촌락도, 개의 앞모습과 뒷모습도 모두 모두 볼 수 있지만 달님만 볼 수 있는 한 가지는 보지 못합니다. 바로 어둠이지요.

- 이 책을 읽으면서 모르는 단어가 나오면 사전을 찾아가며 반대말 사전을 만들어 봅니다.

● **와글와글 어떤 동물일까?**

이 책에는 많은 동물들이 나옵니다. 동물의 한 부분만을 보여 주고 뚜껑을 열면 어떤 동물인지를 알게 됩니다.

- 아이들에게 표현하고 싶은 동물이 무엇이냐고 물어보면 대답도 제각각일 겁니다. 그 동물에 대한 정보를 모아서 사전으로 만들어 봅니다. 동물의 모든 것을 다 보여 줄 수는 없으므로 어떤 부분을 보여 줄까 생각해서 동물 사전을 함께 만들어 봅니다.

독서감상문 쓰기의 기본원칙

독서감상문이란 책을 읽고 그 느낌이나 생각을 글로 표현한 것을 말합니다. 책을 읽기만 하고 쓰지 않는다면 어떻게 될까요? 책을 읽는 것은 우리의 머릿속에 무엇인가를 넣는다는 의미입니다. 넣는 게 있으면 나오는 것도 필요하겠지요. 그런데 평상시에 술술 풀어내는 능력이 없다면 쏟아낼 때 한꺼번에 무질서하게 나올 수도 있어요. 들어가는 것이 있으면 반드시 나와야 합니다. 들어가는 것이 책읽기라면 나오는 것은 표현하는 것이랍니다. 여러 가지 독서감상문의 형식을 통해 표현하는 방법에 대해 배워 볼까요?

하나 생각을 잘 표현해 내려면
둘 독서감상문을 잘 쓰려면
셋 독서감상문의 제목 정하기
넷 독서감상문의 내용 채워 넣기

하나 생각을 잘 표현해 내려면

생각을 표현하는 방법에는 글쓰기 외에도 말하기, 그림 그리기 등이 있어요. 말하기는 우리가 일상적으로 말하는 것이 있고 목적에 맞게 말하는 것도 있어요. 책을 읽고 난 후 하는 활동 중에 토론이라는 게 있는데, 이 토론은 말로 하고 나면 그뿐입니다. 남는 것이 없으니 사고는 자라더라도 그 과정을 보기가 어렵죠. 그래서 토론하고 나서 또 글을 쓰는 겁니다. 토론은 반드시 둘 이상이 되어야 하는 작업이라면, 글쓰기는 얼마든지 혼자서 정리해 낼 수 있으니 훨씬 더 편리한 방법이겠죠. 이 세상에 남는 것은 글쓰기뿐이라고 해도 과언이 아니에요.

독서감상문을 꾸준하게 쓰면 우리의 사고가 자라 나가는 과정을 볼 수 있습니다. 글을 쓰면서 자신이 알게 된 부분이나 생각한 것들을 정리해 나가다 보면 자기 안에 엉켜 있던 여러 가지 생각덩어리들이 술술 풀려나고 정리정돈이 되는 느낌을 갖게 될 겁니다.

그렇다면 독서감상문은 어떻게 써야 할까요? 정해진 형식에 꼭 맞출 필요는 없지만 어느 정도의 정리는 필요합니다. 그냥 독서감상문을 쓰라고 하면 너무 막연

하잖아요. 결혼식을 할 때 아무 옷이나 입을 수도 있지만 결혼식에 맞는 멋진 옷을 입는 거와 같아요. 남자는 대부분 양복을 입고 여자는 웨딩드레스를 입지요. 아무 옷이나 입고 결혼식을 하는 것보다 훨씬 보기에 좋죠?

체육 시간에도 아무 옷이나 입고 운동할 수 있지만 운동복으로 갈아입는 것 또한 활동하기 편리하고 운동의 효율성을 높이기 위해서지요. 운동도 종류별로 옷이 다 다르게 디자인되어 있어요. 동계올림픽 선수들의 옷 좀 보세요. 옷이 딱 달라붙어 민망해 보이지만 아무도 그렇게 생각하지 않아요. 자신의 빠른 기록을 위해 가장 적합한 옷을 입은 것이기 때문이죠.

책을 읽고 감상문을 쓸 때도 마찬가지예요. 꼭 그렇게 쓰라고 정해져 있는 건 없지만, 생각을 정리해 내는 가장 효율적인 몇 가지의 방식들이 있습니다. 거기에 자신의 생각을 맞추어 쓰면 글쓰기가 훨씬 쉬워진답니다.

둘 독서감상문을 잘 쓰려면

　우선 책을 정확하게 이해해야 합니다. 정확하게 이해하기 위해서는 여러 번 반복해서 읽는 것도 좋은 방법 중의 하나이고 읽으면서 마음에 와 닿는 부분은 표시를 해 두는 것도 좋지요.

　몇 년 전 어떤 출판사에서 독서감상문 공모전을 했는데 거기서 1등을 한 분은 할머니셨어요. 그 할머니의 수상후기를 보면 독서감상문을 잘 쓰기 위한 방법이 정리가 되는 것 같아요. 그 할머니는 책을 한 달 동안 읽었다고 합니다. 할머니가 글을 못 읽어서일까요? 그건 아니죠. 몇 번이고 몇 번이고 제대로 소화해 내기 위해서였답니다. 읽는 중에도 마음에 와 닿는 부분에 줄을 긋고 그 부분에 떠오르는 느낌을 메모해 두었다고 합니다. 그리고 두 달에 걸쳐 글을 썼다고 하네요. 쓴 글을 읽어 보고 고치고 또 읽어 보고 고치고 그렇게 말이지요. 또 할머니는 책의 내용과 관련한 자신의 경험을 살려내어 사람들의 마음을 움직이는 큰 감동을 만들어 냈다고 합니다.

　아이들 중에는 '책도 한 번 읽으면 끝! 글도 한 번 쓰면 끝!'인 사람이 분명 있을 겁니다. 그런 사람은 좋은 글을 쓸 수가 없습니다. 할머니의 이야기를 통해 '좋은 감상문을 쓰기 위한 조건'이 무엇인지 벌써 알게 된 사람 있나요? 맞아요. 좋은 감상문을 쓰기 위한 조건이란 책을 완전히 소화해 낼 때까지 읽고 또 읽고, 중요한 부분은 메모를 해 두며, 쓴 다
음에는 읽어 보기를 여러 번 하면서 고치고, 자신의 경험을 살려서 쓰는 겁니다. 그리고 중요한 방법 중의 하나는 잘 쓴 독서감상문을 많이 읽어 보는 거예요. "우와~ 이렇게 썼다니!" 감동하면서 자신도 모르게 실력이 쑥쑥 자랄 겁니다.

　독서감상문은 감상을 쓴 글입니다. 그렇기 때문에 글의 중심은 책의 내용이 아니라 감상, 즉 느낌이어야 합니다. 어떤 친구들은 책의 내용을 잔뜩 쓰고 자신의 느낌은 맨 밑에 한 줄 혹은 두 줄로 마무리를 하는 경우가 있는데, 이것은 감상문이라기보다는 내용을 요약한 글이라고 봐야 합니다.

　책의 내용은 느낌을 확연히 해 주는 데 도움을 줍니다. 가령 '이 책을 읽고 너무 슬펐다'고 한다면 어떤 내용에서 그리 슬펐는지 자신의 슬픔을 표현해 내기 위한 근거로 글의 내용이 들어가야 합니다. 그래서 독서감상문은 줄거리보다는 느낌이 많이 담긴 글이 좋은 글이라고 할 수 있어요. 느낌이 처음 부분에만 있다든지 가운데 한 부분에만 있다든지 끝부분에만 있으면 안 됩니다. 느낌이 글 전체에 골고루 있는 것이 좋아요. 좋은 독서감상문이라는 평가를 받고 싶다면 다음과 같이 써 보세요.

◐ 동화의 경우 책 속 주인공과 자신을 비교해 본다.

책 속의 주인공과 자신을 비교해 보는 활동은 매우 중요합니다. 자신에게 필요한 부분이나 책 속 주인공의 닮고 싶은 면들을 찾아 변화시켜 나가려는 노력이 훌륭한 사람이 되기 위한 첫걸음이니까요. 또 독서감상문만 읽고도 글의 내용을 알 수 있을 정도로 내용을 잘 간추려 주어야 합니다. 독서감상문을 읽고 무슨 내용의 책인지 알 수 없다면 좋은 독서감상문이라 할 수 없습니다.

◐ 문장은 될 수 있는 한 간단하게 쓴다.

문장이 너무 길면 처음에 시작한 말과 끝이 안 맞는 경우도 있어요. 한눈에 무슨 말인지 알아볼 수 있도록 길지 않은 문장으로 표현해 줍니다.

◐ 한 문단 안에는 한 가지 이야기만 쓴다.

이야기가 바뀌면 문단을 나누어 주어야 합니다. 문단이란 하나의 이야기덩어리를 의미해요. 가령 가족을 소개한다고 할 때 아빠 소개 끝나면, 엄마 소개하고 그 다음 언니나 오빠 그리고 동생을 소개하잖아요. 한 사람에 대한 글이 끝나고 다른 사람에 대한 글로 넘어갈 때는 줄을 바꿔 새로 시작해 줍니다. 그게 바로 문단이랍니다.

◐ 이야기의 순서가 잘 짜여 있어야 한다.

책 내용의 앞뒤가 뒤섞여 있으면 글을 이해하는 데 많은 어려움이 있습니다. 읽은 책의 순서에 맞춰 나가면서 자신의 느낌을 펼쳐 나갑니다.

● 글이 전체적으로 통일감이 있어야 한다.

글의 앞뒤가 잘 맞아야 한다는 이야기입니다. 앞에서는 좋다고 했다가 뒤에서는 나쁘다고 한다든지, 앞에서는 재미있는 책이라고 했다가 뒤에서는 재미없는 책이라고 하면 안 됩니다. 한 가지의 의견에 일관성을 가지고 있는 것이 좋아요.

 ## 셋 독서감상문의 제목 정하기

독서감상문을 쓸 때 제목을 정하는 일은 매우 중요합니다. 어떤 친구는 'OOO를 읽고'라고 책 제목을 그대로 가져오는데 그것은 그 책을 쓴 작가 선생님의 제목이지 자기 제목이 아닙니다. 책 제목을 그대로 쓰는 것보다는 자신의 마음에 와 닿는 제목을 붙여 봅니다. 독서감상문은 자신의 글이기 때문입니다.

어떤 아이는 자기가 생각해 낸 제목만을 붙이기도 합니다. 그러면 어떤 책을 읽고 이런 글을 썼는지 모르기 때문에 원래의 책 제목도 써 주는 게 좋아요. 그래서 보통 독서감상문은 두 줄 제목으로 쓴답니다. 첫 번째 줄에는 자신의 제목을 쓰고, 두 번째 줄에는 책 제목을 쓰면 됩니다.

《으뜸 헤엄이》를 읽고 감상문을 쓸 때의 제목은 '최고 헤엄이'라고 붙여 보고, 《호랑이 뱃속에서 고래 잡기》를 읽고 나서는 '고래와 호랑이 먹기'라고 붙여 봅니다. 자기 제목이 우선이고 책 제목은 그 다음 줄에 씁니다.

| 최고 헤엄이
'으뜸 헤엄이'를 읽고 | 고래와 호랑이 먹기
'호랑이 뱃속에서 고래 잡기'를 읽고 |

독서감상문 제목을 정했다면 이제 내용을 채울 일이 남았군요.

▶ 책 속에 길이!

● 말하는 꾀꼬리와 춤추는 소나무

못된 새엄마가 형제들을 집에서 쫓아내려고 말하는 꾀꼬리와 춤추는 소나무를 찾아오라고 형제들을 내보냅니다. 두 오빠는 그것을 찾으러 길을 떠났지만 마법에 걸려 돌아올 수 없었어요. 돌아오지 않는 오빠들을 찾아 여동생이 길을 떠나요. 온갖 어려움을 이겨내고 돌로 변한 오빠들을 구해 집으로 돌아와 새엄마의 못된 짓을 알립니다.

> 🔸 이 책을 읽고 독서감상문을 쓴다면 여러분은 어떤 제목을 글 제목으로 정하고 싶은가요? 동생의 용감함과 지혜로움이 나타나는 제목도 좋고 새엄마의 못된 면이 나타나는 제목을 지어 봐도 좋겠죠!

● 숲은 어떻게 만들어지는가?

이 책을 보면 숲이 어느 날 갑자기 거기 있게 된 것이 아니라는 것을 알 수 있어요. 아무것도 없는 들판에 풀이 우거져 숲이 되고 거기에 개척자 나무인 소나무가 자리를 잡고 작은 소나무들이 빛이 부족해 자라지 못하는 틈을 타 빛을 덜 필요로 하는 활엽수들이 자리를 잡게 된답니다. 숲에 사는 나무의 종류가 바뀌면 거기에 따라 동물종들도 바뀌게 되지요. 우리 주변의 숲에 어떤 나무가 있는지 살펴보면 그 숲의 나이도 짐작할 수 있답니다.

> 🔸 이 책을 읽고 독서감상문의 제목을 정해 보세요. 숲의 변화가 드러나는 제목도 좋고 숲의 소중함을 나타낼 수 있는 제목도 좋아요.

넷 독서감상문의 내용 채워 넣기

   우리 아이들 중에는 아무 계획 없이 되는 대로 생활하는 친구도 있겠고, 시간 계획표를 만들어 규칙적인 생활을 하는 친구도 있을 겁니다. 계획표대로 생활하면 버려지는 시간 없이 짜임새 있는 시간 관리가 가능해지죠.

   글도 마찬가지예요. 일기는 그냥 손 가는 대로 생각나는 대로 자유롭게 써도 좋지만 감상문은 될 수 있으면 짜임새를 갖추어 쓰는 것이 좋아요. 짜임새가 있으면 이야기가 다른 곳으로 빠져나가지 않고 처음부터 끝까지 일정한 흐름을 가지고 흘러가기 때문입니다. 이 얘기 했다 저 얘기 했다 하는 사람을 두고 횡설수설한다고 그래요. 그런 사람 말은 아무도 믿어 주지 않아요.

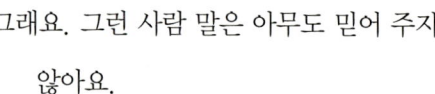

   글도 그래요. 이 말 했다 저 말 했다 그러면 사람들이 정신없는 글이라고 합니다. 짜임을 가지고 쓴다면

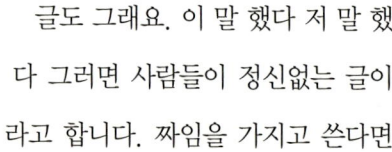

쓸데없는 글이 튀어 나오지는 않을 거예요. 감상문은 크게 처음 부분과 중간 부분, 끝부분, 이렇게 세 부분으로 나눈답니다. 이 세 부분에 들어갈 내용을 어떻게 채워 나가면 되는지 하나하나 살펴보기로 해요.

1. 처음 부분은 어떻게 시작할까요?

처음 부분에는 책을 읽게 된 동기나 책을 읽고 나서 가진 생각이나 느낌을 쓰기도 하고, 책 소개로 시작하기도 하고, 자신의 이야기로 시작하기도 합니다.

어떤 아이들은 동기를 써야 한다는 생각에 매번 '이 책을 읽은 이유는 엄마가 읽으라고 해서 읽었다', '학교 숙제라서 읽었다', '독서교실에서 읽어야 되는 책이라서 읽었다' 이렇게 쓰기도 합니다. 날마다 이렇다면 글이 참 재미없지요.

이 책을 읽은 동기에 대해서는 뭔가 독특한 이유가 있다면 그걸 적고 그렇지 않다면 꼭 적을 필요 없어요. 일기나 생활문을 쓸 때 자신의 이야기를 진솔하게 시작하는 것처럼 실제로 자신에게 있었던 일이나 느낌을 적으면 됩니다.

① 책을 읽게 된 특별한 동기를 쓴다.

독서감상문을 쓸 때 흔히 책을 읽게 된 이유를 쓰는데, 그게 바로 읽게 된 동기라는 겁니다. 도서관에서 책을 고르다 겉표지가 마음에 쏙 들어서 읽고 싶은 마음이 들었을 수도 있고, 학교 필독서라서 안 읽으면 혼날까 봐 읽었을 수도 있고, 원래 책을 좋아해서 읽었을 수도 있고, 이유는 가지가지일 겁니다. 그것을 밝혀 써 글을 시작하는 방법입니다.

《나무는 좋다》는 나무의 좋은 점을 잘 알려 주는 책입니다. 시를 그림책으로 만들었는데 책을 읽어 보면 나무의 좋은 점이 마음으로 전해져 오는 책입니다.

이 책을 읽게 된 동기로 처음 부분에 들어갈 내용을 채워 볼까요?

 '나무는 좋다'를 읽고

처음 부분 : 읽게 된 동기로 쓰기
이 책의 제목을 보았을 때 나무의 좋은 점을 잘 설명해 주는 책인 줄 알았다. 나무에 대해 잘 몰랐던 나는 이 책이 읽어 보고 싶었다.

가운데 부분 : 생략

끝부분 : 생략

▶ 책 속에 길이!

● **폴 아저씨와 폴 아저씨**

이름만 같고 서로 다른 두 아저씨의 이야기입니다. 제목만 봐도 눈치 챌 수 있을 만큼 아주 다른 두 아저씨가 나옵니다. 그런데 잘못 배달된 편지 때문에 서로 만나게 되었대요. 나와 똑같은 이름을 가진 사람을 만나게 된다면 기분이 어떨까요?

❀ 이 책을 읽게 된 특별한 동기로 독서감상문의 처음 부분을 채워 봅니다.

● **나의 린드그렌 선생님**

린드그렌 선생님은 《에밀은 사고뭉치》와 《내 이름은 삐삐 롱스타킹》을 쓰신 작가 선생님이에요. 이 책의 주인공 비읍이는 린드그렌 선생님의 작품을 좋아합니다.

❀ 린드그렌 선생님의 작품을 좋아하는 아이라면 이 책이 눈에 확 띄지 않았을까요? 그럼 그 이야기로 독서감상문을 시작하면 된답니다.

② 책을 읽고 난 뒤의 느낀 점을 쓴다.

책을 읽고 나서 든 느낌으로 처음 부분을 시작하는 겁니다. 느낌이란 '아, 그렇구나!' 하는 겁니다. 누군가 나를 꼬집으면 아프다고 느낍니다. 그런 다음 '왜 꼬집었지?', '나도 때려 줘야겠다', '내가 뭐 잘못한 게 있나?' 등등 여러 가지 생각을 하게 됩니다. 이게 바로 느낌과 생각의 차이입니다.

《거미는 참 예쁜 눈을 가졌어요》를 읽어 보면 거미에 대해 많은 것을 알게 됩니다. 거미는 우리에게 해롭지 않은데도 생김새 때문에 많은 친구들이 싫어하지요. 그런 거미가 새롭게 느껴지는 책이라 할 수 있어요.

이 책을 읽고 처음 부분을 느낀 점으로 시작한 글을 써 볼까요?

 '거미는 참 예쁜 눈을 가졌어요'를 읽고

처음 부분 : 책을 읽고 든 느낌으로 시작하기
거미가 무서운 줄 알았는데 이제는 거미가 무섭지 않아요. 어떤 거미는 무섭고 어떤 거미들은 안 무서워요.

가운데 부분 : 생략

끝부분 : 생략

▶ 책 속에 길이!

● **칠판 앞에 나가기 싫어**

에르반은 목요일만 되면 아침부터 배가 아픕니다. 엄마 아빠는 에르반이 목요일에 아픈 이유를 아주 잘 안다고 각자의 이유를 말씀하시지만 정확한 이유는 아니에요. 에르반이 아픈 이유는 목요일이 발표를 하는 날이기 때문에 학교에 가는 것이 부담스러워 배가 아픈 것인데….

> 이 책을 읽고 나면 '어쩜, 내 마음하고 이렇게 똑같지!' 하는 생각이 들 수도 있고 아니면 전혀 다르다고 느낄 수도 있어요. 그런 마음의 이야기로 시작하면 됩니다.

● **소금이 온다**

이 책을 보면 우리가 먹고 있는 소금이 어떻게 생겨나는지 알게 됩니다. 평상시에 소금을 직접 먹는 일은 없기 때문에 그 소중함을 미처 못 느꼈을 수도 있어요. 하지만 소금이 없다면 지금 우리가 있을 수 없지요.

> 책을 읽고 난 뒤에 느낀 마음을 그대로 담아내 처음 부분을 시작하면 됩니다.

③ 책을 읽고 난 뒤의 생각을 쓴다.

책을 읽고 나서 든 생각으로 글을 시작할 수도 있습니다. 《풀꽃과 친구가 되었어요》에는 여러 가지 풀꽃이 나옵니다. 시골에 놀러 간 주인공을 따라가 보면 어려운 일이 생길 때마다 풀꽃들은 유용한 약이 되어 주기도 합니다.

다음은 이 책을 읽고 난 뒤에 했던 생각을 독서감상문의 시작으로 쓴 글입니다.

 '풀꽃과 친구가 되었어요'를 읽고

처음 부분 : 책을 읽고 나서 한 생각으로 쓰기
이 책은 나에게 풀꽃의 쓰임새와 이름을 알게 해 주었다. 우리 주변의 하찮은 풀꽃들도 소중한 약초로 쓰인다. 풀꽃들이 약초가 된다는 것이 놀라웠다. 이 책을 읽어 보면 좋겠다고 다른 사람들에게 권하고 싶다. 풀꽃이 쓰이는 데를 알아두었다가 작은 상처를 입으면 풀로 치료하면 편하고 돈도 안 들고 하니깐 알아두면 유익할 것이다.

가운데 부분 : 생략

끝부분 : 생략

▶ 책 속에 길이!

● 할머니 머릿속에 가을이 오면

할머니는 알츠하이머병에 걸렸어요. 알츠하이머병은 점점 기억력이 없어지고 대화도 할 수 없고 나중에는 움직이지도 못하게 되는 무서운 병이지만 노인이 되면 많은 사람들이 걸리는 병입니다. 책 속 엄마는 할머니를 나무에 비유합니다. 가을이 와 할머니의 일생을 담은 나뭇잎들이 자꾸 떨어져 나간다고 이야기를 해 주지요.

> 이런 책을 읽고 할머니나 할아버지에 대한 생각을 진지하게 해 보고 그 생각을 독서감상문의 시작으로 하면 됩니다.

● 종이 봉지 공주

엘리자베스 공주는 씩씩하고 용감합니다. 로널드 왕자가 용에게 잡혀가자 왕자를 구하러 달려가지요. 옷이 용이 내뿜은 불에 타버려 종이 봉지 하나를 주워 입고 갑니다. 왕자는 그런 공주를 보고 무슨 공주가 그 모양이냐며 오히려 타박을 합니다.

> '공주라면 이래야 한다'라는 생각이 이 책을 읽고 바뀌었나요? 이 책을 읽고 하게 된 생각으로 글을 시작하면 됩니다.

④ 책에 대한 소개를 쓴다.

읽은 책에 대해 소개하는 글로 독서감상문을 시작할 수도 있어요. 소개라는 것은 잘 모르는 것을 알게 해 주는 겁니다. '내가 읽은 책은 이런 책이야'라고 알려 주는 거죠.

《으뜸 헤엄이》는 바다 속 이야기입니다. 깊은 바다에 살고 있는 으뜸 헤엄이는 작고 까만 물고기예요. 어느 날 주변의 빨강 물고기들이 큰 물고기에게 잡혀먹자, 혼자 이리저리 헤엄치며 바다 속을 구경합니다. 그러던 중 숨어 있는 빨강 물고기 떼를 발견하지요. 으뜸 헤엄이는 그들에게 힘을 합쳐 큰 물고기 모양을 만들자고 합니다. 그리고 자기가 그들의 눈 역할을 하며 바다 속을 유유히 헤엄쳐 다녔다는 이야기입니다.

이 책을 읽고 책 소개를 한 글을 읽어 볼까요?

 '으뜸 헤엄이'를 읽고

처음 부분 : 책 소개로 시작하기
이 책은 어려운 일이 생겼을 때 어떻게 행동하는지에 대해서 알려 주는 책 같았다. 이 책을 지으신 분은 철학자라고 하던데 내용이 철학적인 것 같다. 책의 그림은 여러 가지 물건들을 찍어서 모양을 만든 책이었다.

가운데 부분 : 생략

끝부분 : 생략

책 속에 길이!

● **단군신화**

우리나라 최초의 국가인 고조선을 세운 단군왕검에 대한 이야기입니다. 우리나라 사람들이 어떻게 이 땅에서 시작되었는지 알 수 있게 해 주는 책이지요.

> 이 책에 대한 소개를 좀 더 자세히 쓰는 것으로 독서감상문의 처음 부분을 시작해 봅니다.

● **사라, 버스에 타다**

이 책은 미국의 흑인인권운동이 어떻게 시작되었는지를 잘 보여 주는 책입니다. 버스에서조차 백인과 같은 자리에 앉을 수 없는 흑인들. 사라가 버스 운전사 옆자리에 앉으면서 이야기가 시작됩니다.

> 그 다음 이야기가 어떻게 전개되었는지 더 자세히 소개해 볼까요?

⑤ **자신에 관계된 이야기로 시작한다.**

책을 읽고 그 책과 관련해서 아이의 경험이나 생각 등 자신에 관계된 이야기로 글을 시작해도 좋은 독서감상문이 된답니다.

《말괄량이 기관차 치치》에 등장하는 치치는 기관차랍니다. 치치는 언제나 혼자 도망갈 궁리를 합니다. 늘 똑같은 곳을 왔다 갔다 하는 것도 싫고 혼자 달릴 때 더 멋져 보일 것 같았거든요. 그런데 그만 길을 잃고 말지요. 기관사 아저씨, 차장 아저씨, 조수 아저씨 모두 치치를 걱정하며 찾아 나서지요. 어려운 상황에서 돌아온 치치는 행복해합니다.

다음은 이 책을 읽고 자기의 이야기로 처음 부분을 시작한 글입니다.

 '말괄량이 기관차 치치'를 읽고

처음 부분 : 자신의 이야기로 시작하기
나는 지금까지 자유라는 것에 대해 조금도 생각해 본 적이 없다. 어떤 친구들은 자유로워지고 싶다고 하지만 우리 엄마 아빠는 매번 친절하게 잘해 주시기 때문에 나는 그런 생각을 해본 적이 없다. 지금도 충분히 내 마음대로 하는 편이기 때문이다.

가운데 부분 : 생략

끝부분 : 생략

▶ 책 속에 길이!

● 용돈 주세요

병관이는 용돈을 벌려고 집안일도 돕고 열심히 노력하는데 엄마는 오히려 밥값을 내랍니다. 아이들은 용돈에 대해 어떤 생각을 갖고 있을까요? 또 용돈을 어떻게 마련하고 있나요? 병관이처럼 엄마께 용돈을 받아내기 위해 열심히 도와드리고 있나요?

 ◈ 용돈과 관련한 자신의 경험이나 생각으로 글의 처음 부분을 써 봅니다.

● 네 그림은 특별해

에밀리는 그림 그리기를 좋아합니다. 학교에서 그림 대회가 열려 열심히 사랑하는 개를 그렸지만 심사위원의 마음에 들지 못했네요. 열심히 노력했는데 결과가 기대랑 다르게 나오면 실망감이 이만저만이 아닐 겁니다.

 ◈ 자신의 경험을 떠올려 보고 그때 어떤 생각이 들었는지 처음 시작 부분을 채워 봅니다.

⑥ **여러 개의 방법을 한 번에 다 쓴다.**

독서감상문의 처음 부분을 하나의 기준으로 시작하는 게 아니라 앞에서 이야기한 것들을 합쳐서 한꺼번에 시작해도 괜찮아요.

다음은 《**구렁덩덩 신선비**》를 읽고 여러 가지를 합쳐서 쓴 글입니다.

 '구렁덩덩 신선비'를 읽고

처음 부분 : 여러 가지 합쳐서 쓰기
나는 이 책을 보니 제목이 신기했다. (책을 처음 보았을 때의 느낌) '무슨 내용일까' 궁금해서 읽어 보았다. (읽게 된 동기) 읽어 보니 재미있었다. 그런데 신선비는 조금 나빴다. (읽고 나서의 느낌)

가운데 부분 : 생략

끝부분 : 생략

▶ 책 속에 길이!

● 도서관에 간 사자

사자가 도서관에 갑니다. 도서관에 나타난 사자는 책을 좋아하게 되었어요. 처음에는 규칙을 몰라 어리둥절하고 헤맸지만 나중에 도서관 규칙을 알게 되고 잘 지키게 됩니다. 하지만 그 규칙을 깨야만 하는 일이 생겼어요. 그 일은 바로 관장님이 쓰러지신 거예요. 사자의 마음은 몰라주고 규칙을 깼다고 혼나기만 하죠. 사자는 그 길로 도서관을 나와 버리지만 모두가 원해 도서관으로 다시 돌아갔답니다.

> 이 책을 처음 보았을 때의 느낌과 읽게 된 이유와 읽고 나서의 느낌이나 생각을 다 써도 괜찮아요. 여러 개의 방법을 섞어서 쓰면 시작 부분도 꽤 많은 양의 글이 되어 있을 거예요.

● 뿌리

땅속에 있어 우리 눈에 보이지 않는 모습을 다룬 책이랍니다. 뿌리의 모습들은 우리 눈으로 직접 관찰하기는 어렵겠지요. 책을 통해서 뿌리의 모습과 역할을 만나게 됩니다.

> 독서감상문의 처음 부분을 쓰는 여러 가지 방법을 하나로 연결해서 시작해 봅니다.

2. 가운데 부분은 어떻게 쓸까요?

이제 가운데 부분을 채울 순서예요. 가운데 부분을 쓸 때는 줄거리와 느낌을 쓸 수도 있고, 줄거리 사이사이에 자신의 의견을 쓰기도 하고, 기억에 남는 이야기를 중심으로 쓰기도 하고, 주제를 중심으로 쓰기도 합니다. 주인공의 훌륭한 점을 나와 비교해 쓸 수도 있고, 주인공이 되었을 때를 상상해서 쓸 수도 있고, 글의 내용을 비판해서 쓸 수도 있습니다.

① 줄거리를 중심으로 쓴다.

책을 읽어 보면 그림책이나 옛날이야기, 동화 등은 줄거리를 갖게 됩니다. 줄거리는 이야기 전체의 흐름으로 이야기를 이해하는 데 많은 도움이 되지요. 감상문을 쓸 때 자기의 감상이나 생각만을 적는다면 왜 그런 느낌이나 생각이 들었는지 알 수 없기 때문에 공감을 끌어내기가 어렵습니다. 그래서 책의 내용을 적어 주는 것이 중요한데 책의 내용을 어느 정도 쓸 것인지는 쓰는 사람이 나름대로 정하면 됩니다. 정해진 것은 없으니까요.

아이들이 부모님에게 독서감상문을 어떻게 쓰냐고 물으면 가장 많이 하게 되는 답이 "줄거리 쓰고 느낌 써!"일 겁니다. 물론 틀린 답은 아닙니다. 전체 줄거리를 잘 안다면 그만큼 생각할 것도 많으니까요. 그러나 전체 줄거리를 다 정리하는 것은 보통 힘든 일이 아니에요. 어떤 부분을 넣고 어떤 부분을 빼야 할지 헷갈리기 십상이죠. 보통 이런 형식으로 글을 쓰면 줄거리를 쓰다 지쳐서 맨 뒷줄에 느낌 달랑 한 줄 쓰기가 쉽죠. 그러면 그 글은 줄거리 요약글이지 감상문이라고는 할 수 없어요. 그래서 문제가 되는 겁니다. 줄거리를 다 쓰고 느낌을 쓰려면 아주 많은 노력이 필요하답니다. 가장 쉬운 듯하면서 가장 어려운 감상문이 되는 것입니다.

줄거리를 요약하는 일은 생각하는 것처럼 쉽지 않아요. 이야기의 순서가 뒤죽박죽될 때도 많거든요. 이럴 때는 먼저 짧은 이야기나 옛날이야기를 읽고 해 보면 쉽게 할 수 있답니다. 처음부터 두꺼운 책, 복잡한 내용을 가지고 줄거리를 간추려 쓰려면 어려워요. 줄거리를 잘 간추리려면 친구들에게 알고 있는 내용을 들려주는 방법도 괜찮아요. 친구들 중에 유난히 텔레비전의 내용이나 옛날이야기, 또는 있었던 일을 잘 들려주는 친구가 있을 겁니다.

글을 쓸 때도 말을 하듯이 찬찬히 생각해 보면서 써야 합니다. 학교 숙제라고 갑자기 짧은 시간에 하려니 어렵고 또 대충 읽어 완전히 잘 모르는 이야기를 옮기려니 어려운 거예요. 책을 꼼꼼하게 읽은 아이에게 줄거리 요약하기는 식은 죽 먹기지요.

다음 글은 **《내 짝꿍 최영대》**를 읽고 줄거리를 간추려 본 글이랍니다.

 '내 짝꿍 최영대'를 읽고

처음 부분 : 생략

가운데 부분 : 줄거리를 쓴 후에 느낌 쓰기

영대는 새로 전학 온 아이다. 영대는 엄마도 없고 냄새도 나고 말도 잘 안 해서 아이들이 싫어한다. 그래서 친구들이 "엄마 없는 굼벵이 바보"라고 놀렸다. 그래도 영대는 울지도 않고 어쩌다가 노려보기만 한다. 어느 날은 남자 아이들이 영대를 때린 적도 있다. 여자 아이들이 "왜 자꾸 때리냐"고 말하고 말려도 남자 아이들은 이유 없이 때린다. 그래서 피가 났고 여기저기 멍이 들었다. 선생님이 영대네 반 친구들에게 화장실 청소를 시키면 영대에게 화장실 청소를 하라고 시킨다. 영대는 엄마도 없고 다른 식구도 없고 아빠와 단 둘이만 산다.

영대네 반은 국립 경주 박물관을 간다. 그래서 아이들은 기분이 좋아서 모여서 이야기를 했다. 경주에 놀러 가는 날이 와서 버스를 타고 갔다. 영대도 같이 갔다. 도착해서 사진을 찍었다. 밤이 되어서 자는데 좀처럼 잠이 오지 않았다. 방귀소리가 났다. 선생님이 누가 안 자고 방귀를 뀌냐고 물었다. "누구긴 누구예요. 굼벵이 바보지!" 하고 반장이 말했다. 그러자 영대는 한 번도 울지 않았던 울음을 터트렸다. 아이들은 깜짝 놀랐다. 선생님도 당황하셨다. 영대는 울음을 그치지 않았다. 아이들도 울면서 "미안해!" 하고 사과했다. 선생님이 불을 켜고 아이들을 혼내셨다. 아이들도 다 울어버렸다. 선생님도 울었다. 울다 울다 잠이 들었다.

다음 날 버스 안에서 반장이 경주에서 산 배지를 영대에게 달아 주었다. 그러자 친구들도 배지를 달아 주었다. 배지가 없는 아이는 사탕을 주었다. 그러자 기사 아저씨는 "생일인가 보구나" 하면서 파란색 모자를 영대에게 씌워 주었다. 영대는 그 후로 밝은 아이로 점점 변했다. 글씨도 아이들이 가르쳐 주고 잘 모른다고 울면 잘 타일렀다. (줄거리)

영대를 때리고 굼벵이 바보라고 놀리는 아이들도 나쁘고 냄새 난다고 싫어하는 아이들도 나쁘다. 영대가 불쌍하다. 그래도 나중에 아이들이 놀린 것을 후회하고 잘 대해주고 서로 친구가 되어서 다행이다. 아이들이 사이좋게 지냈으면 좋겠다. 나도 친구들과 사이좋게 지내야겠다. (느낌)

끝부분 : 생략

▶ 책 속에 길이!

● 세상이 생겨난 이야기

이 책을 보면 우리나라 사람들은 세상이 어떻게 생겨났다고 생각하는지 알 수 있어요. 미륵님은 이 세상을 어떻게 만들었을까요? 소별왕과 대별왕이 만든 이승법과 저승법은 무엇인가요?

> 장길손이 만든 백두산과 백록담 압록강과 두만강 만주 벌판에 대한 이야기를 정리해서 가운데 부분을 써 봅니다. 친구나 동생에게 들려주듯이 써도 좋아요. 줄거리를 요약하는 연습을 하다 보면 어느새 이야기꾼이 되어 있을 겁니다.

● 홍길동

우리나라에서 한글로 쓰인 최초의 소설이라고 하는 책입니다. 조선시대에 태어난 홍길동이가 주인공이에요. 길동이는 태어날 때부터 힘도 세고 신기한 재주도 많이 있었지만 엄마가 천한 종이라서 아버지를 아버지라 부르지 못하고 형을 형이라 부르지 못했대요. 그래서 이 세상을 잘못되었다고 생각해 바로잡으려고 했어요.

> 홍길동은 어떻게 세상을 바로잡아 나갔을까요? 그 이야기를 가운데 부분에 적어 봅니다.

② 줄거리 사이사이에 느낌을 쓴다.

　줄거리 사이사이에 느낌을 쓰는 방법은 줄거리를 쓰고 느낌을 쓰는 것과 비슷합니다. 줄거리와 느낌 쓰기는 한 번에 내용을 다 들려주고 나중에 느낌을 쓴다면, 줄거리 사이사이에 느낌을 쓰는 것은 말하는 중간 중간 자신의 의견을 덧붙이는 방법입니다. 줄거리 사이에 느낌을 잘 넣어서 글을 쓰려면 책을 읽는 내내 책 속의 사건이나 인물, 장소 같은 것에 대해 느낌을 정리해 두어야 해요. 책에다 직접 쓸 수도 있지만 빌린 책은 그렇게 할 수 없으니 그때그때 메모지에 정리해서 붙여 두세요. 나중에 정리해서 감상문으로 옮겨 적을 때 많은 도움을 받을 수 있습니다.

　또 한 가지 방법은 다 읽은 책을 덮고 생각나는 부분을 무작위로 써 보세요. 그 다음에 그걸 펼쳐 놓고 순서대로 정리해 보세요. 그리고 각각의 부분에 느낌이나 생각을 적어 넣고 쭉 이어서 정리하면 그게 바로 독서감상문입니다.

　다음 글은 《내 짝꿍 최영대》를 읽고 쓴 글인데 줄거리만 쓴 글하고는 조금 느낌이 다를 겁니다.

행복해진 최영대
'내 짝꿍 최영대'를 읽고

처음 부분 : 생략

가운데 부분 : 줄거리 사이사이에 느낌 넣어 쓰기

영대는 3학년이다. 시골에서 살다 도시로 이사 왔다.  나도 이사를 하긴 했

는데 서울에서 수원으로 이사를 왔다. 태어나서 1개월도 안 지나서다. **(경험)** 영대는 엄마가 없다. 그래서 말이 적어졌다. 또 더럽고 바보같이 되었다. **(줄거리)** 내가 안 그런 게 참 다행이긴 하다. 난 엄마도 있고 더럽거나 바보도 아니라서. **(느낌)** 영대는 전학을 오고 며칠 후 따돌림을 당했다. 또 아이들도 때리고 싶어했지만 눈을 몇 번 홀길 뿐 아무 말도 없었다. **(줄거리)** 내가 영대라면 반항하고 나도 때렸을 것 같다. 영대는 참 착한 것 같다. 역시 사람 속마음은 모를 것 같다. **(느낌)** 영대는 화장실 청소도 했다. 아이들이 "너 때문에 화장실에서 냄새가 나잖아! 네가 청소해!" 하며 청소를 시켰다. **(줄거리)** 난 아직 화장실 청소를 안 해 봐서 그 고통은 잘 모르겠다. 영대네는 가난한 것 같다. 그래서 더러운 옷을 입고 준비물도 안 가져오는 것 같다. **(느낌)** 선생님께서는 아이들이 영대를 괴롭히는 것을 거의 못 봤다. **(줄거리)** 내가 영대라면 선생님께 이를 것 같다. 정말 이건 착한 건지 바보 같은 건지 모르겠다. 또 내가 선생님이라면 교실에 많이 머물러서 다른 아이들이 영대를 괴롭히지 않게 하겠다. 게다가 기합을 팍팍 줄 것 같다. **(느낌)**

영대네는 수학여행을 경주로 갔다. 영대도 같이 갔다. 아이들은 싫어서 영대를 협박도 했다. **(줄거리)** 3학년인데도 친구를 협박하는 것이 놀라웠다. **(느낌)** 수학여행을 간 곳에서 잘 때 누군가 방귀를 뀌었다. 선생님의 누구냐는 질문에 반장은 "바보 멍청이 영대"라고 했다. 영대는 울었다. 모두 당황했다. 선생님은 단체 기합을 주셨고 모두 울었다. 다음 날 아이들은 영대에게 선물을 주었다. 배지를 옷에 달아 주었다. 영대 옷은 배지로 뒤덮였다. 며칠 후 아이들은 달라졌다. 영대와 놀고 말도 가르쳐 주었다. 영대도 변했다. 깨끗한 옷을 입고 오고 숙제도 한다. 영대는 이제 행복하다. **(줄거리)** 나도 행복하다. **(느낌)**

끝부분 : 생략

책 속에 길이!

● 청개구리

청개구리 이야기는 아이들이 아주 잘 알고 있는 이야기입니다. 엄마 말을 절대로 안 듣는, 아니 꼭 반대로만 하는 청개구리는 어떤 문제를 일으키게 될까요?

> 이미 잘 알고 있는 내용 사이사이에 느낀 점을 적어 봅니다. 청개구리 이야기를 적어 나가다 보면 자신은 청개구리보다는 훨씬 착하다는 것을 알게 되어 가슴 뿌듯해할 겁니다.

● 고얀 놈 혼내 주기

아주 고약하고 못된 친구가 있습니다. 바로 주먹똥이에요. 주먹똥의 나쁜 짓을 나열하는 것만도 벅차고 힘든 일일 겁니다. 동물 친구들, 당하고만 있을 수 없지요. 그래서 복수를 결행하는데…. 어떤 방법이 동원되었을까요?

> 주먹똥에게 당한 사람이 나라면 주먹똥에게 어떻게 복수해 줄까요? 책의 내용 쓰고 느낌 쓰고, 내용 쓰고 느낌 쓰고, 이렇게 독서감상문을 완성해 봅니다.

③ 기억에 남는 부분에 느낌을 더해 쓴다.

이런 형식의 감상문은 쉬운 편이에요. 전체의 줄거리를 잡는 것보다 책을 덮고 나서 가장 생각나는 것을 두세 가지 정도 적어 봅니다. 그리고 그 부분에 대한 느낌이나 생각을 써 넣으면 돼요. 책 한 권에서 두세 부분 찾는 것은 전체 줄거리를 요약하는 것보다는 쉬울 테니까요. 그런데 너무 간단히 느낌을 적다 보면 내용이 너무 적을 수가 있어요. 이럴 때는 생각나는 부분과 비슷한 자신의 경험을 적는다면 더 좋은 독서 감상문이 된답니다.

다음은 《호랑이 뱃속에서 고래 잡기》를 읽고 기억에 남는 부분에 느낌을 쓴 글입니다.

 고래와 호랑이 먹기
'호랑이 뱃속에서 고래 잡기'를 읽고

처음 부분 : 생략

가운데 부분 : 기억에 남는 부분에 느낌 쓰기

그중에서 제일 재미있었던 것은 호랑이가 고래에게 뛰어드는 장면이다. 왜 뛰어들었냐면 기름장수, 소금장수, 내기대장이 윷놀이를 하다가 말싸움에 몸싸움을 하다가 불이 엎어지면서 호랑이가 뱃속이 뜨거워 뛰어다니다 빠진 것이다. 나는 호랑이가 왜 세 사람을 그냥 삼켰는지 궁금하다. 씹어 먹으면 되었을 것을.

또 인상 깊은 장면은 세 사람이 호랑이 뱃속에서 윷놀이도 하면서 즐기는 장면이다. 내기대장이 저고리에서 팥알을 꺼내고 윷놀이를 한다는 것이 신기하다. 언제 어떻게 나갈지 모르는데 그렇게 흥겹게 놀이를 한다는 것이 신기하다. 나 같으면 곧바로 주저앉고 아무 일도 하지 않았을 텐데 말이다. 그걸 보면 이 세 사람은 참 낙천적인 사람들 같다.

끝부분 : 생략

▶ 책 속에 길이!

● **화요일의 두꺼비**

워턴이 올빼미에게 잡혀갑니다. 그곳에서 올빼미의 생일까지만 살아 있을 수 있대요. 올빼미가 생일날 잡아먹으려고 아껴 두는 것이거든요. 원래 명랑 쾌활하던 워턴은 죽을 일을 생각하기보다는 하루하루 즐겁게 지내려고 노력하다 쥐 친구들의 도움으로 탈출을 하게 되고 올빼미는 그동안 바뀌었던 마음을 드러내게 됩니다.

> 🔖 이야기가 약간 길기 때문에 전체 줄거리를 쓰는 것보다는 기억나는 장면을 몇 가지 정도 정리한 다음 느낌이나 생각을 덧붙이면 됩니다.

● **조선의 여걸 박씨부인**

이 책은 조선시대 때 일어난 병자호란이 배경입니다. 얼굴이 흉측해 남편한테까지도 구박을 받던 박씨부인은 엄청난 능력의 소유자였어요. 바로 슬기와 신통력이 있었거든요. 그 능력을 발휘해 우리나라를 짓밟는 청나라 군사들을 물리치고 우리나라를 구해 냈답니다.

> 🔖 이 책을 다 읽고 특별히 기억에 남는 부분을 쓰고 생각이나 느낌을 더해 가운데 부분을 채워 봅니다.

기억에 남는 부분에 느낌을 더해 쓰는 방식은 과학책을 읽고 난 뒤에 독서감상문을 쓸 때도 좋은 방법이랍니다. 지식을 전달해 주기 위한 책들은 알게 된 것을 중심으로 적어도 좋거든요. 이 책을 읽고 무엇을 알게 되었으며 그것에 대한 생각이나 느낌을 적어 봅니다. 알게 된 것을 적을 때는 다음 표를 만들어 두었다가 문장으로 이어서 써도 됩니다.

아래 표는 **《풀꽃과 친구가 되었어요》**를 읽고 작성한 것이랍니다.

알고 있었던 것	풀들은 아주 쓸모없고 툭하면 농작물에 피해를 주는 약하고 보잘것없는 것
알고 싶은 것	풀꽃의 쓰임새
알게 된 것	우리에겐 없어선 안 될 아주 소중한 것 중 하나 〈풀꽃의 쓰임새〉 • 각시풀 : 놀잇감 • 그령 : 결초보은(풀을 묶어 은혜를 갚는다.) • 쇠무릎 : 뱀에게 물렸을 때 사용 • 애기똥풀 : 독을 제거. 쐬기에 물렸을 때 치료제

위의 표를 참고로 해서 독서감상문의 가운데 부분을 써 봅니다.

나의 친구 풀꽃

'풀꽃과 친구가 되었어요'를 읽고

처음 부분 : 생략

가운데 부분 : 알게 된 것 중심으로 쓰기

　나는 처음에 풀들은 아주 쓸모없고 툭하면 농작물에 피해나 주는 약하고 보잘것없는 식물인 줄 알았는데 그게 아니었다. 알고 보면 우리에겐 없어선 안 될 아주 소중한 것 중의 하나였던 것이다. 이 책 덕분에 풀꽃에게 친근감이 느껴진다.

　처음부터 이 책의 주인공은 여러 가지 어려움을 겪는다. 그러나 주인공은 풀꽃들 덕분에 어려움을 극복해 낸다. 주인공은 시골 똥개한테 물렸는데 돌나물 덕분에 상처가 아물었다. 또 주인공의 친구 민구는 뱀에게 물렸는데 쇠무릎이라는 풀 때문에 목숨을 건질 수 있었다.

　풀에는 각시풀처럼 놀이를 할 수 있는 풀도 있고 그령처럼 남을 골탕 먹일 수 있는 풀도 있다. 그령은 질기기 때문에 올가미를 만들어서 남을 골탕 먹일 수 있다고 한다. 옛날에 풀을 묶어 뒤쫓아 오는 군사들을 막아 은혜를 입은 것을 갚았다고 하던데, 풀로 어떻게 은혜를 갚나 했더니 그령이라면 가능할 것 같다. 하지만 요즘은 누군가를 골탕 먹이기에는 너무 위험한 것 같다.

　그리고 아직 어린데 화장을 하고 싶어 하는 아이들을 위해 분꽃씨도 있다. 나도 재작년쯤에 분꽃을 심어 보았는데 씨가 별로 맺히지 않아서 분을 만들지 못했다.

　또 괭이밥, 제비꽃, 엉겅퀴같이 인체에 불편한 곳이나 두드러기 같은 것을 치료해 주는 풀꽃도 있다. 애기똥풀은 쇠무릎처럼 독을 제거해 주거나 쐐기에게 쏘인 데를 치료해 주기도 한다. 풀꽃은 정말 귀엽고 예쁘고 쓰임새가 많다.

끝부분 : 생략

책 속에 길이!

● **나비를 따라갔어요**

이 책에 나오는 것들을 밖에 나가 찾아봅니다. 그곳에서 책에 나오는 내용들을 확인할 수 있지 않을까요? 많이 알고 있어야 많이 보여요. 그러려면 책을 자세히 보고 또 보아야 할 거예요.

> 밖으로 나가기 전에 책을 읽고 알게 된 내용들을 미리 정리해 봅니다. 그리고 밖으로 나가 자연을 관찰한 후에 가운데 부분을 쓰면 됩니다.

● **우린 동그란 세포였어요**

우리는 지금 어떻게 사람이라 불리는 이런 모습을 하게 되었을까 궁금하지 않아요? 이 책을 읽어 보면 인간이 어떻게 여기까지 진화하게 되었는지 알 수 있답니다. 반짝거리는 눈도 꼼지락거리는 발도 없던 우리들이 어떻게 하여 지금 이런 모습을 하게 되었을까요?

> 책을 읽고 알게 된 내용에 느낌과 생각을 덧붙여 가운데 부분을 써 볼까요?

역사를 소재로 한 책의 경우는 책 속의 역사적 사건이나 배경을 잘 알아봅니다.

《**시냇물 저쪽**》은 우리나라 책은 아니지만 전쟁을 소재로 한 그림책입니다. 다음 표는 이 책을 읽고 우리나라의 6·25전쟁에 대해 알아본 것을 정리해 본 것입니다.

역사적 사건	6·25전쟁
개 요	해방 후 남과 북으로 나뉘며 서로 이념이 달랐고 그로 인해 남북 간에 전쟁이 일어남.
읽은 책에서 얻은 정보	• 우리 민족의 슬픈 역사 • 전쟁으로 인해 사람들의 인생이 변화됨. • 전쟁의 무서움.

위의 표를 가지고 독서감상문의 가운데 부분을 써 봅니다.

 '시냇물 저쪽'을 읽고

처음 부분 : 생략

가운데 부분 : 역사에 대해 알게 된 것 중심으로 쓰기

　시냇물을 사이에 두고 살고 있는 금강이와 초롱이는 사이좋은 친구였는데, 어느 날 어른들이 놀지 말래서 놀지도 못하고 서로에 대한 이야기도 못한다. 얼마 전까지 친했던 사람들이 시냇물을 사이에 두고 따로 산다는 이유로 적이 되어 싸우는 것이다. 아빠는 싸움터로 나갔다. 오랜만에 돌아왔는데 한쪽 다리를 다쳐 절름발이가 되어 돌아온다. 우리나라도 원래는 한 나라였는데 지금은 남과 북으로 갈리어 서로 편하지 않게 살

고 있다. 몇 십 년 전에 한 번 전쟁도 했었다고 한다. 나는 전쟁이 어떤 것인지는 모르지만 텔레비전에서 이산가족이 만나는 것을 보면 참 슬프다. 전쟁 이후 남북은 서로 오가지 않고 헤어진 채 몇 십 년을 살다가 이제야 만나는 것이다. 내가 내 동생과 헤어져 50년 뒤에 만난다면 알아볼 수 있을까? 할머니 할아버지가 되어 있을 테니 말이다. 그래도 살아 있으니 만나지만 많은 사람들이 전쟁으로 인해 죽어 다시는 보지 못하게 되는 수도 있다. 나는 전쟁이 무섭고 싫다.

끝부분 : 생략

▶ 책 속에 길이!

● 나비를 잡는 아버지

아버지는 왜 나비를 잡는 것일까요? 서울에서 학교를 다니는 경환이는 방학 숙제로 나비 채집을 합니다. 경환이는 바우가 자기의 나비 채집을 방해했다면서 시비가 붙게 됩니다. 경환이 아버지가 화를 내자 바우 아버지가 바우 대신 나비를 잡게 된 것입니다. 경환이와 바우는 친구지만 아버지가 하는 일이 다릅니다. 경환이의 아버지는 바로 소작농들의 하늘과 같은 마름(지주를 대신하여 소작농을 관리하는 사람)이기 때문이지요.

🌼 이 책은 시대적 배경을 먼저 알고 읽으면 더 쉽게 이해할 수 있습니다. 시대적 상황에 대한 정리를 먼저 한 후에 느낌이나 생각을 덧붙여 가운데 부분을 완성합니다.

● 장보고

위인전을 읽어도 시대를 알고 보면 도움이 많이 된답니다. 요즘 세종기지 다음으로 북극에 제2의 연구기지를 만들었는데 그 기지 이름이 장보고기지랍니다. 장보고는 해상왕이었거든요. 신라에서 태어났지만 당나라로 가서 거기서 공부하고 관직에도 오르지요. 그러다 신라에서 잡혀오는 사람들을 보고 신라를 지키기 위해 신라로 돌아와 청해진을 만들어 나라도 지키고 해상 무역의 길을 열었던 분입니다.

🌼 장보고의 생을 읽어 보면서 신라의 신분제도나 대외 관계를 파악해서 감상문 안에 펼쳐 봅니다.

동화나 옛날이야기 속에는 등장인물들이 아주 많이 나옵니다. 그 등장인물들에 대해 생각해 보고 그것을 이어서 글을 쓸 수 있답니다.

다음은 《버리데기》를 읽고 등장인물들에 대해 파악해 본 글입니다.

등장인물	성격의 장단점
버리데기	• 자기를 버린 아버지를 살리기 위해 노력하는 걸 보니 효성이 지극하다. 바보 같기도 하다.
버리데기의 엄마	• 버리데기를 버릴 때 말리지도 않은 엄마는 무책임하다. • 그래도 남편을 살리기 위해 버리데기를 찾아간 것은 용감하다.
버리데기의 아버지	• 딸을 버린 것을 보니 착한 것 같지는 않다.
버리데기의 언니들	• 잘 키워 주셨는데도 시약산물을 구하러 가지 않는 걸 보니 은혜를 모르는 것 같다.
아들을 낳아 주면 결혼을 해 주겠다고 한 총각	• 아들을 세 명까지 낳아 주었는데도 약속을 지키지 않고 혼자 가버린 총각은 치사하다.

위의 표를 이용해 독서감상문의 가운데 부분을 쓴 글입니다.

 효성스런 버리데기
'버리데기'를 읽고

처음 부분 : 생략

가운데 부분 : 등장인물 중심으로 쓰기

　　버리데기 아버지는 일곱 번째 딸이 태어나자 화가 나서 그 딸을 버렸고 어느 할아버지가 주워다가 버리데기라는 이름을 지어 주고 키워 주셨다.

　　그런데 어느 날 버리데기 어머니가 버리데기를 찾아왔다. 아버지가 병에 걸렸는데 시약산물을 먹으면 낫는다고 그 약물을 구해다 달라고 부탁을 했다. 착한 버리데기는 자기를 버린 아버지를 위해 시약산물을 찾아 산으로 갔다. 거기서 어느 총각을 만났는데 그 총각은 버리데기에게 아들 세 명을 낳아 주면 아버지 병을 낫게 할 수 있는 시약산물이 있는 곳을 알려 준다고 했다. 버리데기는 총각 아들 세 명을 낳아 준 다음에 시약산물이 있는 곳을 알려 달라고 했다. 그런데 총각은 여태까지 사용한 물이 바로 시약산물이라 하고는 가버렸다. 버리데기는 간신히 바위 끝에서 떨어지는 세 방울의 시약산물과 숨살이꽃, 피살이꽃, 살살이꽃을 구하여 집으로 가 이미 돌아가신 아버지를 살려냈다. 그리고 가족들과 행복하게 살았다.

　　버리데기 아버지는 아무리 아들을 기다렸다 해도 딸이라고 버리는 것을 보니 착하다고 할 수는 없을 것 같다. 아버지가 딸을 버리다니 너무 가슴 아프다. 버리데기 엄마는 아무리 남편이 버렸다고 해도 구경만 하고 말리지 않은 걸 보면 무책임하다. 그러면서도 나중에 버리데기를 찾아간 걸 보면 뻔뻔하다고 할 수 있지만 용기가 있기도 한 것 같다. 언니들은 자기를 비단옷으로 싸서 금이야 옥이야 키웠는데도 나중에 엄마 아버지를 모른 척하는 걸 보니 은혜를 모르는 아주 나쁜 사람들 같다. 또 총각은 시약산물을 알려 준다면서 아들 셋을 낳게 해 놓고 나중에는 지금까지 쓴 물이 시약산물이라고 하고 혼자 가버리니 참 치사하다. 버리데기는 자기를 버린 아버지를 구하기 위해 그 모든 고생을 하면서 물을 구하러 간 것을 보면 바보 같지만 효성은 지극한 것 같다.

끝부분 : 생략

책 속에 길이!

● 밤티마을 큰돌이네 집

이 책에는 참 많은 가족들이 등장합니다. 할아버지, 아버지, 엄마, 새엄마, 큰돌이, 영미, 쑥골 할머니, 영미의 새엄마, 아빠. 이들의 이야기가 잘 어우러져 재미있는 동화가 되었답니다. 또 《밤티마을 영미네 집》과 《밤티마을 봄이네 집》이란 책도 있는데 책 속 인물은 비슷합니다. 이 인물들 중에는 처음부터 끝까지 똑같은 특성을 보여 주는 사람도 있고 처음과 다르게 변해 가는 사람도 있어요.

　한 권을 읽고 써 볼 수도 있고 세 권 다 읽고 써 볼 수도 있겠는데요. 책 속 인물들의 특성을 적고 생각이나 느낌을 더해 가운데 부분을 써 봅니다.

● 토끼전

이 책은 오랫동안 우리 민족에게 사랑받아 온 이야기입니다. 토끼가 자라의 꼬임에 빠져 용궁으로 갑니다. 그곳에는 병이 든 용왕이 토끼를 기다립니다. 토끼의 간이 약이기 때문입니다. 용왕을 위해 간을 내어 놓아야 할 판에 토끼는 간을 꺼내놓고 다닌다고 해서 다시 육지로 되돌아오게 됩니다. 토끼는 기지로 살아나게 되었지요.

　이 책에 나오는 인물들을 파악해 보세요. 토끼도, 자라도, 용왕도, 또 다른 용궁 속 동물들도. 책 속에서 보여지는 행동과 말을 통해 성격을 파악해 보고 느낌도 정리해 봅니다. 그것으로 감상문을 써 봅니다.

④ 주제를 중심으로 쓴다.

책은 작가가 하고 싶은 이야기를 담고 있습니다. 이야기를 재미있게 펼쳐 놓았지만 결국은 작가가 하고 싶은 어떤 이야기가 있을 겁니다. 그것을 주제라고 합니다. 주제를 찾아내고 그 한 가지를 중심으로 자신의 깊이 있는 생각과 느낌이나 경험을 담아내면 된답니다.

《**구렁덩덩 신선비**》를 읽고 아래 글을 쓴 친구는 행복은 찾아야만 온다는 것과 오해는 불행을 부르므로 오해하지 말자는 주제를 찾아냈군요. 그것을 중심으로 글을 썼답니다.

멋진 새색시
'구렁덩덩 신선비'를 읽고

처음 부분 : 생략

가운데 부분 : 주제를 중심으로 쓰기

이 책의 주제는 행복은 찾아야만 온다는 것이다. 왜 그렇냐 하면 새색시가 신선비를 만날 수 없게 되자 찾아나섰다. 가만히 있었다면 행복하지 않았을 것이다. 그리고 새색시는 온갖 어려움을 이겨냈다. 까마귀에게는 구더기를 씻어 주고 멧돼지에게는 칡을 깨 주고 아줌마에게는 빨래를 빨아 주고, 할아버지에게는 논을 갈아 주었다. 그랬을 때 길을 알려줘 찾아가서 신선비와 만나 행복하게 살았다. 까마귀, 멧돼지, 아줌마, 할아버지는 너무 심하긴 했다. 길 하나 알려 주면서 일을 너무 많이 시켰다.

또 하나의 주제는 오해는 불행을 부른다는 것이다. 불행하게 된 이유는 허물을 색시가 태우지도 않았는데 잘 확인해 보지도 않고 신선비는 그길로 자기 집에서 완전히 떠나버렸다. 나라면 잘 살펴보고 진짜 그랬다면 떠나고 그렇지 않으면 그냥 살겠다. 오해를 해서 떨어져 살고 색시를 고생시켰다.

끝부분 : 생략

▶ 책 속에 길이!

● **일기 도서관**

민우는 일기쓰기가 힘듭니다. 숙제를 해 가지 않아 벌로 도서관 청소를 하다 우연히 일기 도서관에 들어가는 통로를 발견하게 되고 날마다 남의 일기를 베껴 칭찬을 받습니다. 일기라는 것은 특별한 것만을 써야 하는 것은 아닌데 민우는 그걸 몰랐나 봅니다.

> 🎯 작가 선생님은 이 책을 왜 쓰셨을까요? 그게 바로 주제입니다. 그 주제에 대한 생각을 중심으로 가운데 부분을 쓰면 됩니다.

● **가슴 뭉클한 옛날이야기**

여러 가지 옛날이야기 중에 '지성이와 감천이' 이야기가 감동적입니다. 한 사람은 앞을 못 보고 한 사람은 걷지를 못하지요. 둘이는 만나 한 몸이 되어 서로를 도와줍니다. 길에서 주은 금덩이도 서로 가지라고 할 정도로 의리도 대단합니다.

> 🎯 이들의 이야기에서는 어떤 주제를 찾아낼 수 있을까요? 그 주제를 중심으로 생각을 펼쳐 봅니다.

⑤ 주인공을 중심으로 쓴다.

주인공과 나를 비교해서 써 볼 수도 있습니다. 주인공의 훌륭한 점을 나와 비교해 쓸 수도 있지만 주인공이 꼭 훌륭하기만 하지는 않으니까 주인공과 나를 비교해 보면서 내가 주인공이라면 어떻게 했을지를 상상해서 써 보는 것도 좋지요.

《파스칼의 실수》의 주인공인 파스칼은 거짓말쟁이예요. 원래 그랬던 건 아니지만 학교에 자꾸 지각을 하다 보니 자꾸 핑계를 대야 해서 나중에는 더 이상 댈 핑계가 없어 그만 엄마가 죽었다는 어마어마한 거짓말을 하게 되었답니다. 그런데 죽었다고 한 엄마가 오늘 따라 집에 가는 길에 나와 있지 뭡니까! 에그, 이제 선생님과 만날 텐데 이 일을 어쩌면 좋아요. 거짓말은 또 다른 거짓말을 낳고 또 다른 거짓말을 낳고 했지 뭐예요.

'내가 파스칼이었다면 어떻게 했을까?'
'주변에 파스칼 같은 친구가 있다면 어떨까?'

생각할 시간이 필요하겠지요. 꼭 주인공이 아니라 주인공 주변인물이 되어 보는 것도 괜찮아요. 책 속 인물들의 좋은 점이나 부족한 점을 찾아내어 자신과 비교해서 써 보는 것도 좋아요. 좀 더 자신을 잘 살펴보게 될 테니까요.

다음 글은 파스칼에 대해 아주 잘 알게 해 주는 글입니다.

'파스칼의 실수'를 읽고

처음 부분 : 생략

가운데 부분 : 주인공을 중심으로 쓰기

　이 책에는 생각을 싫어하는 파스칼이라는 아이가 나온다. 내 생각은 그 아이가 나쁘다고 생각한다. 그 이유는 엄마가 돌아가셨다고 해서이다. 이 책의 내용은 파스칼이 거짓말을 해서 또 거짓말을 하는 것이다. 파스칼은 아주 심한 거짓말을 했다. 그 거짓말은 엄마가 돌아가셨다고 한 거다. 나는 거짓말이 참 심하다고 생각한다. 자신을 키워 준 부모님을 돌아가셨다고 하다니, 정말 무식하기 짝이 없다. 나라면 거짓말을 했다고 사실대로 말하겠다. 그러면 혼나더라도 마음이 불안하지는 않았을 거다.

　나도 거짓말을 했다. 엄마가 주신 용돈을 다 쓰고도 남았다고 거짓말을 했다. 저녁에 사실대로 말하니 엄마가 다음부터는 거짓말을 하지 말라고 하셨다. 나는 그 일을 통해 엄마께 숨기지 않고 사실대로 말하면 엄마가 용서해 주신다는 것을 알았다.

　파스칼은 자기가 하고 싶은 일만 하는 게으름뱅이에다가 거짓말도 잘한다. 파스칼의 이야기를 읽어 보면 거짓말을 해서 얼마나 괴로운지 알게 된다.

끝부분 : 생략

▶ 책 속에 길이!

● 엄마는 거짓말쟁이

우리나라의 거짓말쟁이를 다룬 책도 있어요. 엄마는 늘 입만 벌리면 거짓말이죠. 물론 다른 사람에게 피해를 주거나 나쁜 의도를 가지고 하는 거짓말은 아니에요. 잘 보이기 위해서 하는 거짓말, 기분 좋으라고 하는 거짓말. 슬비는 자신이 뻔히 아는데 엄마가 눈 하나 깜빡이지 않고 거짓말을 하는 것을 봅니다. 그러다 슬비도 마침내 거짓말을 하게 됩니다.

  🔍 거짓말을 하는 슬비와 자신을 비교해 봅니다. 또 슬비의 엄마와 나의 엄마를 비교해서 가운데 부분을 써 봅니다.

● 뚱보면 어때, 난 나야

동빈이는 뚱보라 걱정입니다. 학교에서 친구들도 동빈이를 놀립니다. 그뿐만 아니라 빼빼로데이에 빼빼로를 하나도 받지 못합니다. 동빈이는 여러 번 다이어트를 시도하지만 번번이 실패합니다. 이만하면 동빈이가 다이어트를 포기할 듯도 하지요. 하지만 학교에서도 집에서도 모두가 도와주니 한번 도전을 해 봐야겠지요. 살이 빠지진 않았지만 키가 자라 조금의 성공을 이룬 동빈이는 성취감에 어깨가 으쓱해졌답니다.

  🔍 주인공인 동빈이와 자기 자신을 비교해서 가운데 부분을 쓰면 됩니다.

주인공을 중심으로 독서감상문의 가운데 부분을 쓰는 방법은 위인전을 읽고 독서감상문을 쓸 때 활용하면 아주 좋아요. 위인은 보통 훌륭한 업적을 남긴 사람들입니다. 그 사람들과 자신을 비교해 보며 그 사람들의 어떤 점 때문에 훌륭한 업적을 남길 수 있게 되었는지 생각해 봅니다. 그래야만 그런 사람과 비슷해지도록 노력할 수 있게 된답니다. 또한 위인과 비슷한 점을 찾아내어 개발해 나간다면 우리의 이름으로 된 멋진 위인전이 나올 수 있을 거예요.

다음은 위인전 **《장영실》**을 읽고 가운데 부분을 쓴 글입니다.

위대한 과학자 장영실
'장영실'을 읽고 나서

처음 부분 : 생략

가운데 부분 : 주인공을 중심으로 쓰기

장영실은 수표, 측우기, 혼천의, 금속활자, 자격루를 만들었다. 수표는 비가 왔을 때 강이나 시내에 얼마 왔는지 재는 기구이고, 측우기는 비가 온 양을 잴 수 있는 기구이다. 혼천의는 천문 관측을 하여 날씨를 알아내는 기계이고, 금속활자는 활자가 자꾸 깨져 새 활자를 만든 것이다. 자격루는 물이 떨어지면 종을 치게 하여 시간을 알 수 있게 해 주는 기계이다.

장영실에게 배울 점은 끝없는 도전정신과 또 어려운 환경을 딛고 일어서서 쉬지 않고 노력하는 점이다. 장영실은 동래 관헌의 관기의 아들로 천한 신분임에도 세종대왕의 총애를 입어 조선시대의 많은 발명품들을 만들어 낸 분이다. 발명품을 만드는 과정에 어찌 어려움이 없었을까? 그것은 완성을 향해 끝없이 도전함으로써 극복되었을 것 같다. 나도 장영실처럼 여러 가지를 실험하고 도전해 보고 싶다.

끝부분 : 생략

▶ 책 속에 길이!

● **나무를 그린 화가 박수근**

박수근 선생님은 우리나라의 현대미술을 대표하는 화가입니다. 어려서부터 살림이 넉넉지 못해 마음껏 그림을 그릴 수 없었어도 자신이 처한 상황에 최선을 다하지요. 한 가정의 가장으로서도 자신의 역할에 최선을 다합니다.

> 🔸 박수근 선생님께 배울 점은 무엇이라고 생각하는지, 박수근 선생님의 그림은 어떤 것이 있는지를 알아보고 자신의 꿈과 관련해서 독서감상문을 써 봅니다. 어린 시절의 박수근 선생님과 자신을 비교해 보는 것도 잊으면 안 됩니다.

● **도서관**

엘리자베스 브라운은 어려서부터 오로지 책만 좋아하고 책만 읽었지요. 울다가도 책을 보고 그치는 것은 세종대왕과 닮았지요. 학교에서도 오로지 책만 읽어요. 데이트도 관심 없어요. 자기 것도 모자라 친구의 도서대출증을 빌려 책을 빌리죠. 책이 점점 많아져 더 이상 집에 들어갈 수 없게 되었을 때 시청에 집을 기증해서 도서관을 만들었지요.

> 🔸 주인공인 엘리자베스 브라운의 이야기를 중심으로 가운데 부분을 써 봅니다.

3. 끝부분은 어떻게 마무리해야 할까요?

가운데 부분을 다양하게 썼다면 이제는 끝맺음을 할 차례입니다. 끝맺음을 하지 않고 여운을 남길 수도 있지만 마무리를 하는 것이 좋겠지요. 어떤 친구들은 가운데 부분의 느낌을 쓴 것을 끝맺음이라고 생각하는 경우도 있는데 그렇지 않습니다. 끝맺음 부분은 따로 써야 해요.

책의 내용과 자신의 생각을 다시 한 번 간단하게 정리해 주면 좋아요. 또한 책을 읽고 깨달은 점을 쓸 수도 있어요. 자신의 결심을 밝힐 수도 있답니다. 깨달음이나 결심을 같이 쓸 수도 있고요.

① 책의 내용과 자신의 생각을 정리해서 쓴다.

책의 자세한 내용들은 이미 가운데 부분에서 썼기 때문에 끝부분에서는 굳이 자세히 쓰지 않아도 됩니다. 간단하게 이런 내용이었다고 한 다음에 자신의 생각을 정리해서 쓰면 됩니다.

다음 글은 《똘배네 도라지 꽃밭》을 읽고 끝부분을 쓴 글입니다. 똘배네 도라지 꽃밭에는 여러 가지 꽃에 대한 이야기가 나옵니다. 식물이 소재지만 동화책이랍니다. 동화가 진행되는 동안 풀꽃에 대해 자연스럽게 알게 되는 책이지요.

우리 친구는 책을 읽고 끝부분을 다음과 같이 썼네요.

'똘배네 도라지 꽃밭'을 읽고

처음 부분 : 생략

가운데 부분 : 생략

끝부분 : 책의 내용과 자신의 생각으로 끝부분 쓰기

  이 책에 나오는 꽃들은 아름답고 몸에 이로운 성질을 가지고 있다. 나는 이 책을 통해서 꽃에 대해서 자세히 알았다. 그것을 알고 나니 자연을 파괴하면 안 된다고 생각했다. 이 책에 담겨 있는 소중함은 꽃들과의 우정이다.

책 속에 길이!

● 종이밥

종이밥이 무엇인지 알고 있나요? 어려서 부모님을 사고로 잃은 송이는 오빠의 보살핌을 받다가 오빠가 학교에 가면서 방에 갇혀 자라야 했어요. 송이는 혼자 있는 시간의 무료함과 배고픔을 달래기 위해 종이를 씹기 시작했고 그 버릇을 고치지 못한 거예요. 너무나 생활이 어려워 송이를 절에 맡겨 키우려고 하지만 철이와 할머니, 할아버지는 마음이 아픕니다.

- 독서감상문의 끝부분에 송이의 이야기를 적고 자신의 생각을 적어 봅니다.

● 이상한 할머니

이상한 할머니는 이상하게 생겼지만 전혀 이상하지 않습니다. 마음이 닫혀 있는 여자아이의 마음을 열어 주는 신기한 할머니예요. 할머니가 쓰신 방법은 여자아이와 실뜨기 놀이를 하는 거였어요.

- 간단하게 책의 내용을 적고 생각한 것을 끝맺음으로 적어 봅니다.

② **책을 읽고 깨달은 점을 쓴다.**

책을 읽고 나면 깨달음이 생깁니다. '아, 이런 이야기로구나!', '아, 이렇게 하면 안 되겠구나!', '그래서 이렇게 되었구나!' 등 깨달음으로 마무리를 하는 방법도 활용해 보세요.

《우리 옛이야기 백가지》에 나오는 '돼지가 된 대감' 이야기를 읽어 보세요. 욕심 많은 대감은 백성 돌보는 일은 하지 않고 벼슬을 팔아 더욱더 부자가 되지요. 이 사람 저 사람 벼슬을 사려는 사람들로 대감집 사랑은 꽉 찹니다. 결국은 욕심이 가득 차 남의 돈만 받아 챙기다가 돼지가 되고 말았어요. 또 벼슬을 사고 싶어 하는 사람도 농사가 충분해 잘살 수 있었는데, 벼슬까지 가지려고 한 욕심 때문에 재산을 다 날리고 빈털터리가 된 채 돼지가 되어 버립니다.

이 글을 읽고 무엇을 깨달았나요? 다음 글처럼 책을 읽고 깨달은 점을 끝부분에 넣어 쓰면 된답니다.

 '돼지가 된 대감'을 읽고

· 처음 부분 : 생략

가운데 부분 : 생략

끝부분 : 책을 읽고 깨달은 점으로 끝부분 쓰기

　이 책을 읽고 욕심을 너무 부리면 안 된다는 것을 깨달았다. 잘살게 되니까 벼슬 욕심을 부려 재산을 다 날리고 돼지가 될 뻔한 영감님도, 벼슬을 판 대감님도 욕심이 지나쳐 화를 입었으니 말이다. 적당한 욕심은 괜찮지만 지나친 욕심은 화가 따라 온다.

책 속에 길이!

● **돌멩이 수프**

옛날 어느 마을에 배고픈 군인들이 몰려왔습니다. 마을 사람들은 모두 먹을 것을 감추지요. 군인들은 돌멩이로 수프를 끓인다고 하고 마을 사람들은 집집이 숨겨 둔 것들을 하나씩 꺼내 오고 마침내는 온갖 게 다 들어간 맛난 수프가 되어 마을 사람들과 군인들이 나누어 먹고 행복해하는 이야기입니다.

> 이 책을 읽고 무엇을 깨달았나요? 독서감상문의 마지막 부분에 그것을 쓰면 됩니다.

● **꿀꿀돼지**

돌멩이 수프와는 달리 혼자 꿀을 탐내는 사또 이야기예요. 사또는 꿀을 너무나 좋아해서 마을 사람들에게 계속 꿀을 가져오라 하지요. 가뭄이 들어 마을 사람들은 먹을 것이 없는데도 사또는 혼자 꿀을 퍼먹어 마을 사람들의 미움을 사 죽게 됩니다. 사또가 다시 돼지로 태어났는데도 아직도 '꿀꿀꿀' 한다나요.

> 이 이야기를 읽고 깨달은 점을 마지막 부분에 써 봅니다.

③ 자신의 결심을 밝혀 쓴다.

책을 읽고 나면 앞으로 어떻게 하겠다는 마음을 먹게 됩니다. 그것이 결심입니다. 이러한 결심으로 끝맺음을 할 수도 있답니다.

《구렁덩덩 신선비》에는 구렁이가 나옵니다. 이 구렁이를 낳은 사람은 할머니입니다. 구렁이를 낳아 숨겨 놓고 기르는데, 옆집 사는 세 딸 중에 막내딸만이 이 구렁이를 불쌍하게 여기죠. 구렁이는 착한 막내딸을 사랑하게 되어 결국 결혼 승낙을 받아 냈어요. 결혼 후 구렁이는 허물을 벗고 멋진 남자로 변합니다. 대신 허물을 잘 간수해야 했지요. 과거를 보러 가는 구렁이는 막내딸에게 허물을 잘 간수해야 한다고 당부를 하고 떠납니다. 그런데 언니들이 그만 구렁이의 허물을 태워 버렸어요. 구렁덩덩 신선비는 그 냄새를 맡자, 자기 아내가 허물을 태웠다고 오해하고는 돌아오지 않습니다. 결국 막내딸이 신선비를 찾아가 행복하게 살았다는 이야기입니다.

이 책을 읽고 자신의 결심을 쓴 글을 읽어 볼까요?

 '구렁덩덩 신선비'를 읽고

처음부분 : 생략

가운데 부분 : 생략

끝부분 : 결심으로 끝맺기

나는 이 책을 읽고 나서 결심했다. 어려운 일이 생기더라도 이 책의 주인공인 새색시처럼 열심히 해결하려 노력할 것이다. 그리고 어떤 일이 생기면 구렁덩덩 신선비처럼 그냥 도망가지 않고 잘 살펴볼 것이다.

책 속에 길이!

● 김 구천구백이

건하는 친구 돈으로 장난감을 샀답니다. 이것을 알고 선생님은 그 돈을 갚으라고 합니다. 건하는 꿋꿋이 버텨내지요. 선생님은 날마다 이자를 붙여 건하의 이름을 부릅니다. 그래서 건하의 이름은 구천구백이까지 되었답니다.

 건하의 이야기를 읽으며 어떤 결심을 하게 되었나요? 결심으로 끝맺음을 해 봅니다.

● 미스 럼피우스

세상을 아름답게 만들 수 있다면 얼마나 좋을까요? 미스 럼피우스는 어려서부터 할아버지와 약속을 세 가지 합니다. 하나는 세상을 구경하는 것, 둘째는 언젠가는 바닷가에 돌아와 사는 것, 마지막 한 가지는 세상을 아름답게 만드는 것이랍니다. 두 가지 소원을 이루었을 때 럼피우스는 늙었답니다. 마지막 약속을 지키기 위해 마을에 루핀꽃씨를 뿌려 마을을 아름답게 만들었어요.

 우리 모두 무엇이 되고 싶은 이유가 분명 있을 테지요. 우리가 살고 있는 세상을 아름답게 만들기 위해서라면 좋을 것 같아요. 아름다운 세상을 만들기 위한 결심을 마지막 부분에 적어 넣습니다.

④ 책을 읽고 깨달은 점과 결심을 같이 쓴다.

깨달은 점과 결심을 같이 밝혀 써도 괜찮아요. 리네아의 이야기 시리즈 중 3권인 《신기한 식물일기》는 리네아의 식물 관찰 이야기들이 나옵니다. 리네아는 초록손을 가졌다고 할 수 있지요. 무엇이든 기르기만 하면 잘 자라니까요. 그게 어느 날 하루아침에 그렇게 된 것은 아니랍니다. 끝없는 관심과 노력에 의해 그렇게 된 것이지요.

다음은 이 책을 읽고 깨달은 점과 결심을 같이 써서 끝맺음을 한 글입니다.

리네아의 손은 초록손
'신기한 식물일기'를 읽고

처음부분 : 생략

가운데 부분 : 생략

끝부분 : 깨달은 점과 결심으로 끝맺기

　나와 리네아는 서로 다른 점이 많았다. 리네아는 식물일기를 쓰지만 나는 쓰지 않는다. 그리고 나는 정수기물을 식물에 주는데, 리네아는 빗물을 받아서 따뜻하게 해서 준다. 그리고 리네아는 피트구슬에다가 심고 특히 중요한 것은 식물을 아주 많이 사랑해 준다는 것이다.

　나는 식물이 사람이 아니더라도 소중하다는 것을 깨달았다. 그래서 그동안 첫날만 잘 봐주고 안 봐준 게 미안하다. 이제부터는 식물도 내 동생처럼 잘 봐주겠다. 식물 생일날은 거름도 선물로 줄 거다. 이 다짐이 오래 갔으면 좋겠다.

▶ 책 속에 길이!

● **만년샤쓰**

우리나라의 동화작가 중에 대표라고 할 수 있을 만한 방정환 선생님의 동화랍니다. 만년샤쓰는 무엇일까요? 아무리 입어도 닳아 없어지지 않는 만년샤쓰. 창남이는 앞을 보지 못하는 엄마랑 둘이 어렵게 삽니다. 그런 중에도 마을에 불이 나자, 입던 옷마저 남에게 벗어 주고 추운 겨울날 맨몸에 교복을 입고 머나먼 길을 걸어 학교에 와 체육시간에 맨몸을 보이게 되었다는 이야기랍니다.

> 이 책을 읽고 무엇을 깨달았나요? 또 무슨 결심을 하게 됐나요? 깨달은 점과 결심을 함께 써서 끝부분을 완성합니다.

● **미나마타의 붉은 바다**

우리가 살고 있는 이 지구를 돌보지 않는다면 어떤 일이 벌어질까요? 이 책에는 수은중독증으로 생명을 잃은 사람들, 몸이 망가진 사람들이 나옵니다. 그건 그 사람들의 잘못이 아니라 인근에 있던 비료 공장에서 폐수를 바다로 흘려보내 바다를 오염시키고 물고기를 오염시키고 사람들을 병들게 해서 그런 거지요. 마을 사람들은 환경오염의 위험성을 알리기 위해 자신의 몸을 직접 보여 주며 사람들에게 호소합니다.

> 이 책을 읽고 나면 환경에 대해 많은 것을 깨닫게 될 것입니다. 거기에 환경보호를 위해 무엇을 할 것인가 하는 결심을 덧붙여서 끝부분을 마무리합니다.

제3장

다양한 형식의
독서감상문 쓰기

독서감상문 쓰기는 '꼭 이렇게 써야 한다'는 틀이 정해져 있는 건 아니에요. 하지만 막상 독서감상문을 쓰라고 하면 막막할 거예요. 다른 친구들이 쓴 독서감상문을 따라서 써 보기도 하고 선생님께 여쭤 보기도 하겠지요. 처음에는 정해진 큰 틀 안에서 쓰는 연습을 자꾸 해 봐야 합니다. 머지않아 자기만의 독특한 형식을 새로 만들어서 독서감상문을 쓸 수 있는 실력까지 올라가게 될 거예요.

하나	편지 형식의 독서감상문
둘	일기 형식의 독서감상문
셋	생활문 형식의 독서감상문
넷	설명문 형식의 독서감상문
다섯	주장글 형식의 독서감상문
여섯	시 형식의 독서감상문
일곱	관찰기록문 형식의 독서감상문
여덟	기행문이나 견학기록문 형식의 독서감상문

 편지 형식의 독서감상문

편지는 누군가에게 자신의 마음을 전달하기 위해 쓰는 글입니다. 편지는 다른 형식의 글보다 쉽게 쓸 수 있다는 장점이 있어요. 이러한 편지의 형식을 빌려 독서감상문을 써 보는 거예요. 독서감상문 활동 중에 제일 쉬운 활동이라 할 수 있습니다.

책 속의 주인공이나 다른 인물들에게 내 마음을 편지로 써서 전하는 겁니다. 아니면 작가 선생님한테 편지를 쓸 수도 있어요. 이 책을 읽지 않은 친구에게 책을 소개하는 편지를 쓸 수도 있죠.

편지를 쓸 때는 제일 먼저 받을 사람을 씁니다. 안 그러면 누구한테 하는 말인지 모르니까요. 그리고 인사를 합니다. 계절 인사도 하고 자신이 어떻게 지내는지도 적고 편지를 받을 상대방의 안부를 묻는 인사도 좋겠지요. 그런 다음 진짜로 하고 싶은 말을 하는 겁니다. 마지막에 마무리 인사를 하면 됩니다. 그리고 편지를 쓴 날짜를 쓰고 쓴 사람의 이름을 씁니다. 이때 자신이 직접 한 말이면 자신의 이름을 쓰고 다른 사람의 입장이 되어서 편지를 썼다면 그 인물의 이름을 적어 주면 됩니다. 이름을 쓸 때는 윗사람이면 성까지 붙여서 쓰고 친구나 친척에게는 굳이 성을 붙여 쓰지 않아도 됩니다.

편지도 훌륭한 글이 될 수 있다는 것을 보여 주는 이야기가 있어요. 바로 **《리디아의 정원》**입니다. 이 책은 그림책을 한 장씩 넘길 때마다 리디아가 시골에 보내는 편지들로 이야기를 엮어 갑니다. 이렇게 리디아의 편지들을 읽다 보면 편지를 받는 진짜 소중한 가족이 된 느낌이 든답니다. 사람과 사람의 마음을 이어주는 편지로 감동과 사랑을 잘 보여 주고 있습니다.

편지는 누구에게, 어떻게 쓰면 되는지 함께 살펴볼까요?

1. 책 속 인물에게 편지를 써요.

책 속 인물이 살아 있다면 그 인물에게 어떤 편지를 쓸 수 있을까요? 동화 속에 나오는 주인공들에게 편지를 써 봐요.

《**피튜니아, 공부를 시작하다**》의 주인공 암거위 피튜니아는 어떤가요? 어느 날 주인집 아들의 책을 발견하고 그 책이란 물건을 가까이하면 똑똑해진다는 말을 기억해 내고 책을 날개 밑에 끼고 다니죠. 피튜니아가 잠잘 때나 헤엄칠 때까지 책과 함께 있으니 농장의 모든 동물들도 피튜니아가 정말로 똑똑해졌다고 생각하게 됐지 뭐예요. 그래서 자신들의 문제를 피튜니아에게 해결해 달라고 합니다. 하지만 그것은 엉터리 해결책이죠.

결국 농장의 동물들은 더욱 골치 아프게 생겼고 문제는 더욱 복잡해집니다. 그런데도 피튜니아는 더욱 교만해지고 교만해지고 더 교만해지죠. 그런 교만을 일시에 날려 버릴 사건이 생겼어요. 폭죽이라고 적힌 글씨를 사탕이라고 먹을 수 있는 것이라고 말해 농장의 모든 동물들이 일시에 달려들어 물어뜯는 바람에 모두 터져 버리고 상처를 받게 되죠.

책은 그 충격으로 책장이 찢어져 여기저기 날려갑니다. 초라해진 피튜니아는 생전 처음 글씨를 보게 됐고 그것을 읽지 않는 한 똑똑해질 수 없다는 것을 깨닫고 공부를 시작합니다.

이런 피튜니아에게 한마디 해 줘 볼까요?

 잘난척쟁이 피튜니아에게!

피튜니아야, 안녕?
난 책 속에서 너를 만났단다. 공부를 왜 시작했나 했더니 그런 이유가 있었구나.

네가 교만해지고 교만해지고 교만해져서 네 목이 점점 길어져 하늘을 찌르려 할 때는 정말 웃기더라. 나는 너만 나쁘다고 생각하지는 않아. 농장 친구들도 웃겨. 네가 엉터리로 알려 주어도 알지도 못하고 무조건 네 말을 따르잖아.

암탉은 뭐 여섯이 더 큰지 아홉이 더 큰지도 모르고 오들갑을 떨면서 걱정을 해 대다니 정말 어리석어. 그리고 농장의 모든 동물들이 사탕이란 글자 하나 못 읽어서 너한테 읽어 달라고 하다니 어쩜 그렇게 바보 같니.

난 네가 정말 용기 있다고 생각해. 그런 중에도 자신의 잘못을 깨닫고 공부를 시작했잖아. 이제는 정말 농장의 동물 친구들을 도와줄 수 있겠다. 네가 어서 아는 것이 많아져서 다른 동물들에게 정말 도움을 줄 수 있기를 바란다. 너의 제대로 된 활약을 기대해 볼게.

공부가 쉽지는 않을 거야. 좌절하지 말고 열심히 노력하렴. 내가 지켜볼게.

안녕~!

○○○○년 ○월 ○일
너의 친구 ○○가

책 속에 길이!

● 화요일의 두꺼비

발랄하고 명랑한 두꺼비 워턴은 과자를 고모에게 갖다 주려다가 외톨이 올빼미 조지에게 잡혀갑니다. 올빼미는 자기 생일날에 두꺼비를 잡아먹겠다고 합니다. 퉁명스러운 올빼미와 명랑하고 다정한 두꺼비가 서로 친구가 되는 과정을 따뜻하게 그린 동화입니다.

- 발랄하고 용기 만점인 워턴에게 편지를 써 볼까요? 아니면 겁쟁이 올빼미에게 편지를 써 볼까요?

● 짜장 짬뽕 탕수육

종민이는 전학 간 첫날 왕따당할 뻔한 위기를 지혜롭게 벗어나고 친구들과 친하게 지내게 됩니다.

- 용기 있고 지혜로운 종민이에게 격려의 편지를 보내 볼까요?

2. 책 속 인물이 되어 다른 인물에게 편지를 써요.

책을 읽어 보면 책 속에는 많은 인물들이 나옵니다. 그들도 우리처럼 편지를 주고받았을 거예요. 책 속 인물이 되어 다른 인물에게 편지를 써 보는 거예요. 그러려면 책을 잘 알고 있어야 책 속 인물의 마음을 잘 알 수 있겠지요. 책을 잘 읽고 책 속 인물의 마음을 잘 담아 다른 인물에게 자신의 마음을 담아 보세요.

다음은 《아주 특별한 우리 형》의 종식이 형이 동생 종민이에게 편지를 쓴 거예요. 동화 속의 인물 중 한 사람이 되어 다른 사람에게 편지를 써 봅니다. '책 속의 인물은 어떤 생각을 했을까?' 상상해 보면서요.

사랑하는 종민이에게

안녕? 나 종식이야.

너 요즘 나 때문에 힘들진 않니?

난 걱정 마. 괜찮으니까.

처음에 네가 날 만났을 때 당황했다는 걸 잘 알았기 때문에 너무나 괴롭고 슬펐어. 네가 어서 나에게 마음을 열어 주길 바랬는데도 넌 좀처럼 나에게 마음을 열지 않았지. 심지어는 가출까지 했잖아. 네가 가출했을 때 내 마음은 찢어지는 듯 아팠어. 네가 집으로 돌아왔을 때 얼마나 반가웠는지 몰라. 그리고 나를 형으로 받아들여 주어서 고마워. 네가 마음을 열지 않았더라면 이렇게 연필을 들지도 못했을 거야. 산책 갔을 때 장애자에 대한 편견에 대해 골똘히 생각하는 너를 보며 정말 네가 많이 컸구나 싶었단다.

장애인 수기 공모에서 우승을 했을 때 네가 나를 싫어하는 마음이 조금도 없게 되었다는 것을 느낄 수 있었어. 내가 만든 자유키 프로그램은 지금 많은 장애인들이 편리하게 사용하고 있대.

네가 나를 구해 줬을 때 정말 가슴이 뭉클했어. 그리고 얼마나 미안했는지 몰라. 괜히 나 때문에 다치게 된 것 같아서. 네가 한때는 나를 미워했지만 목숨 걸고 나를 구해 주는 걸 보고 내가 떠나야겠다고 마음먹었어. 그리고 복지과에 들어가면 공부도 더 할 수 있어서 마음을 그렇게 정한 거야. 하지만 네가 퇴원한 후 나를 찾아와 주어 정말 고마웠어. 네가 나를 얼싸안고 그렇게 우는 모습을 보면서 내가 너에게 소중한 존재가 된 것 같아 얼마나 가슴 뿌듯하게 기뻤는지 몰라. 내 동생 종민아, 네가 없었으면 얼마나 외로웠을까를 생각하니 네게 부끄러운 형이 되고 싶지 않단다. 나 더 열심히 노력해서 뇌성마비를 이겨낼게. 네가 곁에서 도와줄 거지?

난 네가 있어서 든든하고 좋아. 종민아, 정말 고마워.

이만 줄일게.

안녕!

○○○○년 ○월 ○일

너를 정말로 사랑하는 종식이가

▶ 책 속에 길이!

● **우리 옛이야기 백가지**

옛이야기 중에서 '효자 만든 금반지'는 진정한 효에 대해서 생각해 보게 하는 이야기입니다. 평생 홀로 살며 자식을 돌보던 어머니를 삼형제가 아무도 돌보지 않다가 어머니께 금반지가 생기니 대접이 확 달라집니다.

> 🌸 이야기 속 어머니가 되어 아들들에게 편지를 쓸 수도 있고 스님께 감사의 편지를 쓸 수도 있겠죠. 아니면 아들들이 되어 어머니께 편지를 써 봅니다.

● **초대받은 아이들**

민서는 친구를 찾고 또 찾지만 쉽게 찾아지지 않아요. 성모가 진정한 친구가 될 줄 알았더니 민서의 마음을 잘 몰라주네요. 그때 자기 마음과 똑같아 보이는 기영이를 발견합니다. 민서와 기영이는 친구가 되었을까요?

> 🌸 민서가 되어 기영이에게 좋은 친구가 되고 싶은 마음을 담아 전해 보세요. 기영이가 답장을 보내올지도 모르죠.

3. 작가 선생님께 편지를 써요.

책을 재미있게 읽었다면 그 책을 지은 선생님께 감사의 편지를 써도 좋겠죠. 그리고 그 작가 선생님께 다른 책도 지어 달라 부탁드릴 수도 있고요.

다음은 **《물방울의 추억》**이란 책을 읽고 한 친구가 그 책의 작가 선생님께 쓴 편지입니다. 책을 읽고 아쉬운 점을 더 많이 적었네요. 세계 여행을 하는 것까지 더 써 주셨으면 하는 마음과 물방울이 잘게 부서지는 장면이 들어갔으면 하는 자신의 바람을 적었어요. 작가 선생님이 이 글을 본다면 아마도 그런 책을 고려해 보았을 것 같아요.

외국 작가 선생님께는 직접 보내기 어렵지만 국내 작가 선생님께는 편지에 우표를 붙여 직접 부칠 수도 있답니다. 출판사에 전화를 하면 작가 선생님의 주소를 알려 주거든요. 직접 보내면 답장을 받을지도 몰라요. 한번 써 보세요.

 에띤느 드랄라 선생님께!

안녕하세요? 저는 OOO입니다.
요즘 날씨가 좋죠? 선생님 계신 곳은 여름인가요? 날씨가 구분이 가지 않아요.
제가 선생님께 편지를 쓴 이유는 책을 더 만들어 달라는 거예요. 왜냐하면 책 내용이 재미있어서요. 그리고 물방울이 살아 있는 것처럼 하니까 너무너무 재미있어요. 그리고 세계 방방곡곡을 다 가는 게 들어갔으면 더 재미있겠어요. 세탁기가 없는 다른 나라 사람들이 빨래를 할 때 방망이로 두드리면 물방울의 몸이 반의반으로 잘라지면

> 그런 것도 재미있을 거예요. 그런 모습이 들어가는 게 제 바람이에요. 다음에는 꼭 그런 장면도 넣어 주세요.
>   그럼 다음 책을 기대할게요.
>
>   ○○○○년 ○월 ○일
>   한국에 살고 있는 ○○○ 올림

어떤 책이라도 좋아요. 자신이 좋아하는 책을 골라 그 작가 선생님께 하고 싶은 말을 전해 주세요. 그리고 그 선생님이 어떤 책을 만들어 주셨으면 좋은지 알려 드린다면 선생님도 좋아하실 거예요.

4. 감동을 나눌 친구에게 편지를 써요.

책을 읽고 친구와 감동을 나누고 싶을 때 친구에게 편지를 써서 그 책을 소개해 보세요. 친구가 그 책을 안 읽고는 못 배길 정도로 책에 대한 감동을 전달해 봐요.

먼저 책을 소개해 줄 친구부터 찾아볼까요?

'내 짝한테 소개해 줄까? 아냐, 아냐. 그 친구는 책을 별로 좋아하지 않아서 소개해 줘도 잘 모를 거야. 누구한테 소개해 주면 내 마음을 알아줄까?'

자신이 느낀 감동을 전달해 줄 친구를 정했다면 그 다음은 그 친구에게 소개해 줄 책을 골라 보세요. 가장 재미있었던 책도 좋고 가슴 뭉클하게 감동 받았던 책도 좋아요. 아니면 그 친구에게 딱 알맞을 만한 책을 떠올려 봐요.

책을 소개해 줄 때는 내 소개 글만 보고도 읽고 싶은 마음이 쏙 들도록 써야겠지요. 너무 많이 시시콜콜 다 얘기해 준다면 다 알아버려서 안 읽을지도 몰라요. 적절한 곳까지만 알려줘서 읽고 싶은 마음이 확 들도록 해 주면 성공이에요.

 우리 반 친구들에게!

얘들아, 내가 아주 재미난 책을 읽었어.
그건 염라대왕이 나오는 책이야. 염라대왕은 생각만 해도 무시무시하지만 이 책을 읽으면 하나도 안 무서워질걸. 나도 읽었는데 염라대왕은 나쁜 사람만 혼낸대. 그러니까 염라대왕을 나쁜 사람처럼 생각하지 말고 착한 사람이라고 생각해 봐. 그럼 더 재미있을 거야. 한 번 읽어 봐. 너무 재밌고 생각도 많아질 거야. 너희들이 읽으면 난 좋지.

 ## 일기 형식의 독서감상문

   일기는 그날 있었던 일을 소재로 해서 자신의 마음을 펼쳐내는 글입니다. 그 어떤 것도 일기가 될 수 있어요. 책을 읽고 일기 형식의 독서감상문을 써도 된답니다. 책 속 인물이 오늘 한 일을 일기로 쓴다면 어떻게 썼을까 궁금하지 않아요? 책 속 인물이 되어 그날 하루의 일기를 써 봅니다.

   옛날이야기 중에 '인삼과 도라지'라는 이야기를 읽어 볼까요?
   옛날에 인삼장수가 살았습니다. 중국과 무역을 하는데 중국인들이 인삼 값을 턱없이 깎지 뭐예요. 그래서 어떻게 할까 고민을 하다가 한 가지 꾀를 생각했답니다. 도라지는 인삼과 비슷하게 생겼으니 도라지를 같이 싣고 가서 원하는 가격을 주지 않으면 모두 바다에 버리기로 한 거예요. 아니나 다를까 흥정이 시작되니 중국 상인이 무조건 값을 깎지 않겠어요. 그래서 도라지 자루를 바다에 풍덩풍덩 버렸답니다. 중국 상인은 깜짝 놀라 더 이상 인삼 값을 깎지 못했지 뭐예요. 고려 인삼의 진가를 알고는 있었거든요.

이 이야기를 읽고 일기를 써 봐요. 전날 일기라도 좋고 그날 일기라도 좋아요. 이왕이면 일기의 형식에 맞춰 쓰면 더 좋겠죠?

먼저 날짜를 적습니다. 날짜는 그 시대를 유추해 보고 정해 보세요. 날씨를 적을 때는 문장으로 적습니다. 글감도 정하고 제목도 정합니다.

날짜 : 1200년 11월 6일
날씨 : 아침엔 추웠지만 오후부터는 조금 따스함. 기분이 조금 좋음. 졸림.
글감 : 중국 상인에게 복수해 준 일
제목 : 중국 상인에게 복수한 하루

오늘 아침에 너무 떨렸다. 왜냐하면 그 나쁜 중국 상인들에게 인삼을 팔러 가야 되기 때문이다. 하지만 내가 생각해 놨던 꾀 때문에 그리 손해 볼 거라는 생각은 하지 않기로 했다.

난 배 여러 척을 가지고 바다로 나갔다. 그중 한 척에만 인삼을 싣고 다른 배들에는 몽땅 도라지를 실었다. 계속 가다 보니 그 나쁜 중국 상인들이 나타났다. 내가 먼저 말을 걸었다.

"여보쇼, 오늘은 내가 저번보다 인삼을 더 많이 가져왔소. 하지만 이번은 절대 값을 깎으려고 하지 마쇼. 당신들에게 싸게 내놓느니 차라리 버리겠소."

드디어 거래가 시작되었다. 난 손가락을 다 펴서 '5'라고 표시했다. 그러자 중국 상인들은 '2'라고 표시했다. 난 다시 손가락을 폈다. 하지만 변함없이 '2'라고 답했다. 난 도라지 한 자루를 물에다 버렸다. 그러자 깜짝 놀란 중국 상인들은 손으로 '3'을 가리켰다. 난 도라지 한 자루를 더 버렸다. 그러자 '5'를 폈다. 난 또 한 자루를 물에 빠뜨렸다. '6', 또 한 자루를 빠뜨렸다. '8'을 불렀다.

"팔, 팔, 더 이상은 안 돼!"

"그래?"

풍덩! 한 자루를 더 버렸더니,

"열, 열, 아이고 이제는 정말 안 되네" 하며 양손이 다 펴졌다.

"그래, 좋아! 열!"

난 인삼을 실은 배 한 척을 본래 내가 부른 가격인 '5'의 두 배인 '10'이란 비싼 가격에 팔았다.

집에 돌아온 나는 오랜만에 날아갈 듯한 기분이 들었다.

"이놈의 중국 상인들, 혼쭐나서 다음에는 안 그러겠지?"

오늘은 얼음을 먹은 것보다 더 시원하고 상쾌하다.

책 속에 길이!

● 노란 양동이

노란 여우가 숲길을 가다 노란 양동이를 하나 발견합니다. 친구들에게 물어도 그 누구의 것도 아닙니다. 갖고 싶은 마음이야 굴뚝같지만 그냥 가질 수가 없네요. 노란 여우는 일주일을 기다려 보고 주인이 나타나지 않으면 갖기로 합니다. 그리고 하루하루 양동이와의 일을 일기로 썼답니다.

　노란 여우가 되어 일기를 이어서 써 봅니다. 어떤 글이 나올지 궁금하군요.

● 안녕, 난 개미야

개미의 일생에 대해 개미가 직접 일기 형식을 빌려 우리에게 알려 주고 있는 책입니다. 커다란 그림과 함께 개미의 생애를 나열하고 있군요. 다른 종족 친구들에 대해서도 친절하게 알려 줍니다.

　책 속 개미가 되어 오늘의 이야기를 일기 형식으로 적어 봅니다

 ## 생활문 형식의 독서감상문

　생활문은 생활 속에서 있었던 일을 소재로 씁니다. 일기와 아주 비슷합니다. 일기는 그날그날 쓰는 생활문이라고 생각하면 됩니다. 생활문은 꼭 그날이 아니어도 된답니다. 1년 전 이야기도, 아주 오래된 이야기도 쓸 수 있지요. 어떤 연결거리가 있다면 그것과 관련한 자신의 경험을 바탕으로 글을 쓸 수 있답니다. 가령 환경의 날을 맞아 환경에 대한 글을 쓰고자 한다면 환경과 관련한 자신의 경험을 살려서 글을 쓰면 됩니다.

　옛날이야기 중에 '만석꾼이 천석꾼 된 내력'이란 이야기가 있어요. 만석꾼지기 아저씨가 고양이 엉덩이 살을 베어 먹고 나서 만석꾼이 천석꾼이 되었다지요. 천석꾼도 어마어마하게 부자지만요. 어쩌다 천석꾼이 되었냐면 고양이를 못살게 굴어 고양이의 복수로부터 목숨을 지키다 그리 되었다는데 살아 있는 생명을 괴롭히면 안 되겠지요.
　이 이야기와 관련하여 동물을 괴롭힌 적 없는지 자신의 경험을 살려내어 글을 써 봅니다. 미안한 일은 진심으로 사과를 해야 해요. 그렇지 않으면 복수하러 올지도 몰라요.

다음 글은 '만석꾼이 천석꾼 된 내력'을 읽고 한 친구가 자신이 돌보지 않아 죽게 된 햄스터를 떠올리며 미안한 마음을 나타낸 글이랍니다.

 가련한 햄스터

만석꾼이 천석꾼 된 내력을 읽고 나니 나 때문에 죽은 햄스터가 생각이 났다. 아마 1학기 때인가 내 친구가 자기 집에서 같이 놀자고 해서 갔다.
걔네 집에 갔더니 햄스터 천지였다. 만날 새끼를 낳는다고. 갑자기 친구가 물었다.
"햄스터 한 마리 줄까?"
그래서 나는 두말 할 것도 없이 햄스터를 받아왔다. 그런데 이게 웬 청천벽력이란 말인가!
엄마가 햄스터는 알레르기에 좋지 않다고 갖다 주랬다. 그러나 내가 포기할쏘냐?
우리 집 뒤에 작은 공간이 있다. 거기에 두고 몰래 키웠다. 그러나 그렇게 기르는 것도 거기까지였다. 1주일 기르고 나니 귀찮아졌다. 사료도 없고 돈도 들고. 그래서 톱밥하고 전부 다 엎어 버렸다. 1주일 뒤에 가 보니, 허걱! 웬 쥐같이 생긴 시체가 있었다. 나는 불쌍해서 묻어 주었다.
생각해 보니 엄마가 나한테 신경을 써주다 밥도 안 주고 신경도 안 쓰면 난 어떻게 될까? 그래서 난 무덤에 글을 써 줬다.
'나쁜 주인 만나 떠나간 햄스터! 부디 저세상에서 잘살기를…'
이제 앞으로는 무엇인가를 기를 때는 여러 번 생각하고 결정해야겠다고 생각했다.

▶ 책 속에 길이!

● **사계절 생태놀이 봄, 여름, 가을, 겨울**

우리가 자연에서 볼 수 있고 먹을 수 있는 것들이 계절별로 소개되어 있습니다. 그리고 재미있는 놀이들도 소개되어 있답니다. 개나리 헬리콥터 놀이, 민들레꽃 놀이, 제비꽃 놀이, 강아지풀 끊기 놀이, 나뭇잎 피리 놀이. 놀이도 가지각색 아무 데서나 할 수 있어요.

> 🌸 책에 나와 있는 놀이를 직접 해 보고 그것을 소재로 글을 써 봅니다. 그것이 바로 생활문이니까요.

● **가을이네 장 담그기**

할머니 집에서 살게 된 가을이네 식구들이 콩을 거두어 메주를 쑤고 장을 담그고 장이 익을 때를 기다렸다가 맛있는 요리를 만들어 먹습니다. 지금은 장을 집에서 직접 담그는 집이 많지 않지만, 옛날에는 우리나라 사람들의 식생활에 가장 중요한 일이었지요.

> 🌸 이 책을 읽고 장 담그기 체험활동에 다녀와 보세요. 그것을 소재로 글을 쓰면 생활문 형식의 독서감상문이 됩니다.

 설명문 형식의 독서감상문

　설명글은 어떤 물건이나 사실 또는 현상에 대해 누구든지 잘 알 수 있도록 풀이하여 쓴 글입니다. 설명문을 쓰면 자기가 새로 알게 된 지식이나 자기 체험을 정리하고 요약하는 힘을 기를 수 있답니다.
　재미있게 읽은 책을 친구에게 소개한다든지, 책을 쓴 작가에 대해 알려 준다든지, 책 속의 내용 일부를 설명한다든지, 책 속 인물을 파악해 어떤 사람인지 써 보는 것도 설명하는 글의 형식에 들어갑니다. 설명하는 글은 공부한 내용이나, 책을 읽고 자기 것으로 소화해 가는 첫걸음이어서 매우 중요합니다. 설명문 형식의 독서감상문은 알게 된 것 중심으로 감상문을 쓰는 방법과 비슷하답니다.

1. 책을 읽고 알게 된 내용을 중심으로 써요.

　책을 읽다 보면 새롭게 알게 되는 내용들이 많이 있을 겁니다. 특히 사실적인 내용들을 담고 있는 지식 책을 읽으면 상식이 쑥쑥 느는 것을 느낄 수 있을 거예요. 그것을 중심으로 글을 쓰면 바로 설명문 형식의 독서감상문이 됩니다.

다음은 《재주 많은 손》이라는 책을 읽고 손에 대해 알게 된 것을 중심으로 쓴 글입니다. 이 글을 읽고 손에 대해 알게 된 것이 있나요? 그렇다면 이 글은 성공적인 독서감상문이라 할 수 있겠죠.

소중한 손
'재주 많은 손'을 읽고

재주 많은 손의 겉표지를 보니 자기가 소중하다는 것을 말하는 것 같았다.

책을 보니 손에 대한 것들이 와르르 나왔다. 난 엄지가 그렇게 소중하다는 것을 몰랐다. 엄지를 쓰지 않고 글씨를 쓰고 뚜껑을 닫는 것은 정말 힘들었다. 이때 엄지가 그렇게 소중하다는 것을 알았다. 침팬지는 사람 손과 비슷해도 손이 다 붙어 있다. 그래서 엄지와 검지도 붙이지 못한다.

지문도 되게 신기했다. 내 손의 지문은 아치형과 말굽형이다. 달팽이형과 혼합형이 없다. 난 달팽이형이 더 예쁘고 신기하다. 지문으로 범인도 잡는다는 것을 알았다.

손금도 신기하다. 손금에는 운명선과 지능선, 생명선과 감정선이 있다. 난 생명선이 제일 길다. 감정선도 조금 길긴 길다. 난 생명선이 제일 중요하다고 생각한다. 왜냐하면 오래 살 수 있기 때문이다. 생명선이 조금 더 길어졌으면 좋겠다.

재주 많은 손을 읽고 손에 대한 많은 것을 알았다. 난 피부에 대한 것도 알고 싶었다.

책 속에 길이!

● **네가 무당벌레니?**

이 책은 무당벌레의 모든 것을 담고 있습니다. 어린이들에게 무당벌레가 어떻게 태어나고, 무엇을 먹으며 자라는지 자세하게 알려 줍니다. 서로 이야기를 나누듯이 쓴 글과 예쁜 그림을 보다 보면 자연의 소중함을 깨닫게 됩니다.

> 이 책을 읽고 무당벌레에 대해 새롭게 알게 된 내용을 중심으로 써 봅니다.

● **고사리손 요리책**

어린이들에게 요리는 언제나 신나고 재미있는 놀이입니다. 이 책은 부모와 아이가 함께 만들어 볼 수 있는 간단하고 맛있는 우리 요리 30가지를 소개하는 그림책입니다.

> 이 책에 나오는 떡볶이를 직접 만들어 보고 떡볶이 만드는 과정을 알려 주면 그게 바로 독서감상문이 됩니다.

● **솔이의 추석 이야기**

우리나라 전통 명절인 추석에 대한 이야기를 재미있게 풀어놓은 책입니다. 솔이가 할머니 댁으로 추석을 쇠러 갑니다. 꽉 막힌 도로도 참고 가다 보면 시골 할머니 댁에 도착합니다. 맛있는 음식도 만들고 친척들도 만나고 차례도 지내고 놀이도 하고….

> 이 책을 읽고 추석에 대한 글을 적어 보세요. 우리나라의 명절에는 어떤 옷을 입고 어떤 일을 하고, 어떤 놀이를 하는지, 무엇을 먹는지 등에 대해 자세히 적어 보면 그게 바로 설명문 형식의 독서감상문이 됩니다.

2. 책을 소개하는 글을 써요.

책을 읽다 보면 혼자 보기 너무나 아까워 누군가에게 꼭 알려 주고 싶은 책이 있을 거예요. 그럴 때는 간단하게 알려 주세요. 또 우리 반에 나랑 관심이 같거나 그 친구만이 좋아하는 것이 있는데, 우연히 그런 책을 보게 되었다면 알려 주는 거예요.

다음은 《갯벌이 좋아요》라는 책을 읽고 이 책에 대해 소개하고 있네요. 갯벌에 대해 슬쩍 궁금해지는데요.

 바다 속 세상을 보여 주는 책

바다 속에 무엇이 사는지 알아요? 바다 속 세상을 보고 싶다면 '갯벌이 좋아요'라는 책을 보면 좋아요. 그 책에는 바다 속 세상이 다 들어 있으니까요. 바닷물이 다 빠져나가고 갯벌일 때와 물이 들어와 바다가 되었을 때를 다 보여 줘요.

갯벌에 그렇게 많은 생명들이 살고 있는지 몰랐어요. 게도 있고 따개비도 있고, 물이 빠져나갔을 때는 새들도 와요. 갯벌에 있는 게를 잡아먹으려나 봐요. 우리 눈에는 안 보이지만 땅속 깊이에는 갯지렁이도 살아요. 갯지렁이의 발은 100개도 넘는 것 같아요.

물이 들어오면 물고기들이 많아져요. 말미잘도 물속에서 춤을 추고요. 바다 속이 푸르고 멋지게 변해요. 물이 들어오기 전에 게들의 행동이 재미있어요. 얼른얼른 탑을 쌓아요.

갯벌과 바다 속을 보고 싶으면 이 책을 보면 될 것 같아요. 아참, 책을 펼치면 어마어마하게 커지는 쪽도 있어요.

▶ **책 속에 길이!**

● **사막에 두꺼비가 산다고요?**

제목에서부터 의문이 가득 듭니다. 뜨거운 사막에 웬 두꺼비가 산다는 얘기일까요? 어떤 방법으로 산다는 것일까요? 사막에 살고 있는 다른 동물들은 누가 있을까요?

> 이런 내용을 담아 이 책을 소개하는 글로 독서감상문을 써 봅니다.

● **나와 악기 박물관**

파울과 함께 악기 박물관에 나들이를 가 볼까요? 이 책에는 파울이 바라보는 많은 악기들이 나옵니다. 다양한 플루트, 여러 가지 관악기, 또 현악기, 오페라 무대와 관현악단의 배치 등등 많은 이야기들이 이어집니다.

> 이 책을 읽으면서 악기에 대해 새롭게 알게 된 내용에 대해 소개하는 글을 쓰면 그게 바로 독서감상문이 됩니다.

3. 책을 쓴 작가에 대한 정보를 써요.

책마다 그림을 그리고 글을 쓴 작가 선생님이 있어요. 어떤 책은 글과 그림을 한 선생님이 다 쓰고 그린 책도 있어요. 작가 선생님들이 없다면 우리는 좋은 책을 볼 수 없었을 거예요. 작가 선생님에 대해서 자세히 읽어 보면 작품을 이해하는 데 도움이 됩니다. 그러다 보면 좋아하는 작가 선생님이 생길 거예요. 그 선생님의 작품들을 다 살펴보면 또 그 선생님의 작품에 대해서도 박사가 되겠네요.

우리나라의 그림책 작가 선생님 중에 대표격이라고 할 만한 선생님이 이억배 선생님이에요. 반쪽이의 그림도 그렸고 세상에서 제일 힘센 수탉의 그림도 그렸거든요.

다음은 이억배 선생님에 대해 소개한 글입니다. 아직 이억배 선생님의 책을 보지 않았다면 이 글을 읽고 한 번 읽어 보세요.

 이억배 선생님

이억배 선생님을 소개합니다. 이억배 선생님은 그림책에 그림을 많이 그렸어요. 내가 좋아하는 책 '반쪽이'의 그림도 '세상에서 제일 힘센 수탉'의 그림도 그렸어요. 선생님 그림은 환해서 좋아요. 만화 같은 표현도 나오고요. 반쪽이가 나뭇짐을 지고도 콩콩콩 걷는 표현도 재미있고요. 반쪽이 형제들이 나와 있는데 옆에 반쪽이가 된 고양이가 서 있는 장면도 재미있어요. 저는 재미있는 그림을 그려 주시는 이억배 선생님이 좋아요.

그 밖에도 아이들이 좋아하는 책이랑 작가 선생님은 아주 많습니다.

《까막나라에서 온 삽사리》《강아지똥》의 그림을 그린 정승각 선생님, 《강아지똥》《또야 너구리가 기운 바지를 입었어요》《몽실언니》의 글을 써주신 권정생 선생님, 《나쁜 어린이 표》《초대받은 아이들》《마당을 나온 암탉》의 글을 쓰신 황선미 선생님 등이 유명합니다.

우리나라에 널리 알려진 외국 작가들도 많아요.

《치과 의사 드소토 선생님》《녹슨 못이 된 솔로몬》《멋진 뼈다귀》《당나귀 실베스터와 요술 조약돌》《부루퉁한 스핑키》《아프리카에 간 드소토 선생님》 등을 쓰신 윌리엄 스타이그, 《작은 집 이야기》《케이티와 폭설》《마이크 멀리건과 증기 삽차》 등의 책을 쓰신 버지니아 리 버튼, 《달님 안녕》《이슬이의 첫 심부름》《순이와 어린 동생》의 하야시 아키코 선생님.

특별히 관심을 갖고 있는 작가는 누구인가요? 그 작가 선생님을 친구들에게 소개하는 글을 써 볼까요?

4. 책 속 인물을 파악해 어떤 사람인지 써요.

책 속에는 많은 인물들이 나옵니다. 그 인물들이 서로 얽혀서 이야기들을 만들어 나가지요. 실제 생활 속에서 많은 사람들이 다 다르게 생긴 것처럼 성격도 거의 다 다르지요. 책 속 인물들도 마찬가지랍니다. 책 속 인물들의 성격을 파악해 보면 책을 이해하는 데 더 많은 도움이 될 것입니다.

《부루퉁한 스핑키》의 스핑키는 사흘 동안이나 골을 내고 가족이 화해하자고 손을 내밀어도 모른 척하지요. 정말 고집불통인 것 같은데 정말 그런 것일까요? 아래 글을 참고하여 스핑키가 어떤 인물인지 파악하여 직접 써 볼까요?

 '부루퉁한 스핑키'를 읽고

스핑키의 성격은 예민하다. 직접은 물론이고 간접적으로도 놀리거나 때리면 잘 삐치고 한 번 삐치면 며칠이 걸릴지도 모르게 혼자 활동하고 싶어 한다.

스핑키의 취미는 해먹에 올라가서 둘둘 마는 것과 동물하고 노는 것과 친구들하고 노는 것, 그리고 공놀이나 장난감을 가지고 노는 것이다.

특기 중에는 뭐 색다른 것은 없고 혼자 활동하는 것이다. 또 삐치면 친구들이 와도 안 노는 것도 특기일까?

좋아하는 것은 어린아이니까 과자나 아이스크림, 서커스단이다. 동물은 강아지, 고양이, 코끼리이다. 또 가족도 좋아한다. 그중에서도 할머니를 더 좋아한다.

싫어하는 것은 별로 없는 것 같은데 한 번 삐치면 모든 사람들을 다 싫어한다.

책 속에 길이!

● 그림 도둑 준모

준모는 늘 상 받는 친구들이 부럽습니다. 그림 대회 날 열심히 그림을 그렸지만 예린이 그림을 보면서 자신의 그림은 버려 버렸어요. 맨 위에 있는 예린이의 그림에는 이름이 없었죠. 선생님은 그게 준모 것인 줄 알고 준모에게 상을 줍니다. 상을 받게 되자 얼굴이 확 달라지는 엄마, 마음이 불안해진 준모. 준모는 드디어 모든 사실을 엄마께 이야기해야만 했어요.

> 이런 준모에 대해 어떻게 생각하나요? 준모의 성격이 어떤지 준모의 행동을 근거로 써 봅니다.

● 프리다

일곱 살에 소아마비를 앓고 열여덟 살에는 교통사고를 당해 평생 고통 속에 살아야만 했던 프리다 칼로. 멕시코의 예술과 문화에 많은 공헌을 한 프리다는 자신의 고통을 잊기 위해 그림을 그리기 시작했답니다.

> 온갖 고통을 이겨내고 그림을 그려 멕시코의 영웅이 된 프리다의 성격은 어떤 것 같아요? 프리다의 성격을 직접 파악하여 적어 봅니다.

다섯 주장글 형식의 독서감상문

　책을 읽다 보면 주장거리들이 많이 생깁니다. 그것을 써 보면 주장하는 글, 즉 논설문이 됩니다. 주장하는 글은 자신의 주장을 이치에 맞게 제시함으로써 다른 사람들이 자신의 주장에 동의를 하게 하거나 같이 행동해 주기를 간절히 바라는 글입니다.

　책을 읽고 주제를 찾고, 찾은 주제에 대한 자신의 입장을 밝히고 주장의 근거들을 책 속의 상황에서 찾아내 글로 표현한다면 사고력이 쑥쑥 자라날 겁니다. 주어진 문제에 대한 나만의 해결책도 드러낼 수 있답니다.

　《깃털 없는 기러기 보르카》를 보면 보르카는 태어날 때부터 장애를 가지고 태어났어요. 새인데 가장 치명적인 깃털이 없다는 거예요. 보르카 엄마 아빠는 처음에는 마음을 써 주고 보르카를 위한 옷도 떠 주지만 추워지기 전에 떠나야 하기 때문에 다른 형제들에게 수영을 가르치고 나는 법을 가르치느라 보르카에게는 마음을 써 주지 못한답니다. 보르카는 날지도 수영도 못하게 되었죠.

모두가 떠난 추운 밤 따뜻한 곳을 찾던 보르카는 배 안으로 들어가고 선장님은 보르카가 탔으리라고는 생각지도 못한 채 출항을 합니다. 그것이 보르카에게는 더 잘된 일인지도 몰라요. 보르카는 거기서 비로소 자신의 존재를 인정받게 되거든요. 선장님은 보르카에게 맞는 일자리도 주고 장애가 있는 동물들이 모여 사는 큐가든에 내려 주었어요. 그리고 지나가는 길에 들러 주겠다고 약속도 했고요. 보르카는 그곳에서 친구도 사귀게 되었답니다.

이 책을 읽고 나서 주장거리가 생겼나요? '장애인을 다르게 대하지 말자!', '장애인에게도 그들에게 맞는 일자리를 주자!', '장애인에게 지속적인 관심을 갖자!' 등등의 주장거리들이 생겨나겠지요. 그걸 쓰면 됩니다.

주장하는 글을 쓰려면 처음 부분에는 이야기의 시작을, 가운데 부분에서는 주장하는 이유를, 끝부분에서는 자신의 결론을 쓰면 됩니다. 처음 부분이나 가운데 부분에 책 속의 내용을 펼쳐 적어도 괜찮아요.

다음 글은 《깃털 없는 기러기 보르카》를 읽고 주장하는 글을 쓴 것이랍니다.

 장애인들에게도 일자리를 주자!
'깃털 없는 기러기 보르카'를 읽고

깃털 없는 기러기 보르카를 읽으면서 우리 사회를 떠올려 보았다. 우리나라는 장애인에 대해 어떤 태도를 취하는지 생각해 보았다. 장애인들은 일자리를 달라고 하고 정부에서도 일자리를 마련해 주기 위해 기업체에 일정 부분 장애인을 취직시키도록 하지만 잘 지켜지지 않는다고도 한다. 차라리 벌금을 내겠다고 하는 것이다. 그것은 우리가 장애인에 대한 편견이 많기 때문이다. 장애인은 느리고 일도 잘 못할 것이고 성격도 조금 안 좋을 것 같다는 생각을 하기 때문일 것이다.

어떤 사람은 장애인에게 일자리를 주는 것보다는 보조금을 주는 것이 낫다고 말한다. 그러나 나는 장애인에게 일자리를 주어야 한다고 생각한다. 그것이 그 사람들이 원하는 것이고 직접 일을 할 때 떳떳한 마음이 더 들 것이기 때문이다. 대신 장애인들이 할 수 있을 만한 일을 찾아주면 될 것 같다.

이 책에 나오는 보르카도 배 안에서 선원들이 흘린 빵 부스러기를 줍는 일을 한다. 그 정도는 보르카도 충분히 잘할 수 있다. 아니 보르카기 때문에 더 잘할 수 있을지도 모른다. 보르카도 자기가 직접 일을 하니까 떳떳하고 또 선장에게 비장애인과 똑같은 대접을 받는다는 생각이 들어서인지 잘 적응하고 잘 지내는 것 같다. 또 자신에게 맡겨진 일을 열심히 한다.

물론 열심히 도와주는 것도 좋을 것이다. 하지만 도움만 받고 사는 사람은 혼자 설 수 있는 능력이 없다. 그러므로 혼자 설 수 있도록 직업을 찾아 주는 일이 더 좋은 일이라고 생각한다.

▶ 책 속에 길이!

● 갯벌

갯사람들의 삶의 터전이었던 곳이 개발 바람이 불고 간척 바람이 불어 동네 사람들이 하나둘 고향을 떠나갑니다. 학교도 문을 닫게 되고요. 갯벌은 그대로 남아 있는 게 좋은 걸까요, 아니면 간척이 되는 게 좋은 걸까요?

> 그냥 자신의 생각을 펼치지 말고 책을 읽고 나서 책 속에서 근거를 찾아 자신의 주장을 펼쳐 봅니다. 어떤 이유로 갯벌을 메우는 일을 반대할 건지 주장하는 이유가 분명하지 않다면 다른 사람들의 동의를 얻어내기 힘듭니다.

● 알게 뭐야!

똑같이 생긴 시멘트 차와 밀가루 차가 나란히 어딘가로 갑니다. 한참을 앞서거니 뒤서거니 가다가 둘 다 길옆에 섭니다. 각 차에서 운전수가 내립니다. 오줌을 눈 두 사람은 각자 차에 올라탑니다. 차가 바뀐 것을 알지만 "알게 뭐야!" 하며 그냥 갑니다. 밀가루가 갈 곳에는 시멘트가 가서 시멘트 과자가 만들어지고 시멘트가 갈 곳에는 밀가루가 가서 밀가루 집을 짓게 됩니다.

> 어떤 일이 벌어졌을까요? 뒤죽박죽이 되었을 것 같군요. 두 운전수에게 어떤 주장을 할 수 있을까요? 자신의 주장을 글로 나타내 봅니다.

여섯 시 형식의 독서감상문

순간의 느낌을 잡아서 쓰는 게 바로 시랍니다. '어린이는 모두 시인이다'라는 말이 있듯이 아이들의 말과 글은 곧 시가 됩니다. 시의 소재를 책에서 가져와 동화시를 써 볼까요?

《행복한 왕자》는 살아생전에는 슬픔을 전혀 모르던 행복한 왕자였습니다. 왕자가 죽은 후 왕자를 기리기 위해 나라의 높은 곳에 동상을 세워 자기 나라를 잘 둘러볼 수 있도록 해 주었다지요.

왕자의 몸은 온갖 금은보화로 장식이 되어 누가 봐도 너무나 멋졌답니다. 그런 왕자의 눈에 슬픔이 보이기 시작하지요. 따뜻한 나라로 가던 제비가 왕자의 발밑에서 쉬다가 왕자의 부탁을 받고 심부름을 하게 되었답니다.

그 이후 왕자는 하나씩 하나씩 그 나라의 가난한 백성을 위해 자신의 모든 몸을 주어 버려서 초라한 몸을 갖게 되었지만 마음만은 너무나 부자였답니다.

다음은 《행복한 왕자》를 읽고 그 마음을 시로 나타내 본 글입니다.

왕자는 행복해
'행복한 왕자'를 읽고

사파이어로 된 눈
루비로 된 칼자루
금빛 피부로 이루어져 있는 왕자의 동상

옛날 살아 있을 때엔
불쌍한 사람들을 몰랐지만
지금은 알게 되어 슬픈 왕자

그들에게 루비와 사파이어, 금빛 피부를
모두 주어 아무것도 없는 초라한 모습

초라해도, 초라해도, 마음만은 따뜻한
행복한 왕자

▶ 책 속에 길이!

● **작은 집 이야기**

작은 집은 사과나무 언덕에서 행복한 세월을 보냅니다. 그렇게 하루, 이틀, 한 달, 두 달, 일 년, 이 년, 세월은 흘러 주변이 온통 도시로 변하면 변할수록 작은 집은 점점 초라하게 변해 가지요. 지나가던 사람이 작은 집을 알아봅니다. 할머니의 할머니가 살던 집이라고. 그래서 작은 집은 다시 사과나무 언덕이 있는 곳으로 이사를 왔답니다.

　🌸 작은 집의 마음을 잘 알 수 있나요? 그 마음을 시로 표현하면 됩니다.

● **나비가 날아간다**

사계절이 고루 담긴 시집입니다. 봄, 여름, 가을, 겨울 어떤 이야기들이 시로 담겨 있을까요? 시들을 읽다 보면 '시가 이렇게 쉽다니' 하는 마음에 당장 시를 쓰고 싶다는 마음이 들 겁니다.

　🌸 주변에 있는 것들을 소재로 시를 써도 멋진 독서감상문이 된답니다.

일곱 관찰기록문 형식의 독서감상문

관찰은 학습과 사고의 시작입니다. 관찰을 통해 새로운 사실들을 알게 되고 새로운 것을 느끼게 되고 새로운 것을 생각하게 되며 새로운 것을 깨닫게 되기 때문이지요. 자기가 관찰한 것을 있는 그대로 표현해 내는 것이 관찰기록문입니다.

책을 읽다가 관찰할 거리를 만났다면 실제 생활에서도 찾아보면 됩니다. 그리고 그것을 기록하면 관찰기록문 형식의 독서감상문이 되겠지요.

《신기한 식물일기》를 읽어 보면 주변의 모든 것을 관찰하는 리네아를 만날 수 있습니다. 리네아는 과일의 속모습도 아주 자세히 그려 냈지요. 집에서 과일을 먹을 때 아무 생각 없이 먹지 말고 한번 자세히 관찰해 보세요. 겉모습도 보고 속모습도 보고, 속모습도 가로의 모습과 세로의 모습이 전혀 다르답니다. 그 안에 신비한 세계가 숨어 있는 듯해요. 자, 지금 바로 냉장고로 가서 과일을 찾아보세요. 그리고 잘라 보세요. 그것을 그림으로 그리고 글로 그림을 그리듯 자세히 써 보세요. 훌륭한 글이 된답니다. 그리고 뭐 하나 소홀히 보지 않게 될 거예요.

다음은 《신기한 식물일기》를 읽고 냉장고에 있는 참외를 자세히 관찰한 다음 관찰기록문 형식으로 독서감상문을 쓴 글입니다. 이 글을 읽으면 관찰기록문이 어떤 건지 이해하기 쉬울 거예요.

맛있는 참외
'신기한 식물일기'를 읽고

리네아의 식물일기를 보았다. 그중에 세밀하게 과일을 그린 그림이 마음에 들었다. 자주 먹는 과일도 그림으로 그려 놓으니 멋있었다. 나는 그냥 먹기만 하는데, 그래서 우리 집에 있는 과일을 자세히 관찰해 보기로 했다.

냉장고를 보니 참외가 있다. 참외를 꺼내 씻었다. 그리고 가로로도 잘라 보고 세로로도 잘라 그 모양을 살폈다. 물론 자르는 동안 냄새는 솔솔 콧속으로 들어왔다.

참외는 냄새가 달콤하다. 참외의 겉모양은 타원형이고 노란색에 하얀색 줄이 세로로 길게 있는데 하얀색 줄이 있는 부분은 조금 들어가 있다.

참외를 세로로 자른 모습은 한쪽의 가운데가 쏙 들어가 있고 씨가 많으며 이상한 하얀 줄이 여러 개 있다. 참외를 가로로 자른 것은 꽃모양 같다. 안에도 꽃 같고 물론 씨가 많으며 반달 모양이다.

참외를 먹으면 씨가 잘 씹히고 달다. 참외를 만지면 촉감이 매끄러우면서도 거칠다. 전에는 보지 않고 그냥 마구 먹었는데 참외를 관찰해 보니 씨가 많아서 이상했다.

늘 먹는 참외지만 이렇게 자세히 관찰해 보니 다른 느낌이 든다. 이제부터는 가까이 있는 것도 자세히 관찰해 봐야겠다.

▶ 책 속에 길이!

● 어진이의 농장 일기

요즘은 주말농장에서 식물을 키우는 집도 많을 겁니다. 그것 또한 좋은 글거리가 된답니다.

🌸 농장에 다녀오면 자라는 식물에 대한 관찰 정보를 기록으로 남겨 보세요.

● 봄이의 동네 관찰 일기

꼭 멀리 가야 할 필요 없어요. 우리 집 앞에도 눈을 돌려 보세요. 아파트 입구에도 특별한 무엇인가가 있을 수 있답니다.

🌸 이 책을 읽고 집 근처에서 만나는 것들을 유심히 관찰한 결과를 기록하면 멋진 독서감상문이 될 겁니다.

 기행문이나 견학기록문 형식의 독서감상문

요즘은 체험학습이 점점 많아지고 있어요. 다녀온 곳에 대한 것을 글로 남기면 바로 기행문이나 견학기록문이 됩니다. 기행문은 다녀온 곳에 대한 느낌이 중심이라면, 견학기록문은 기록에 충실한 설명문에 더 가까운 글이라 할 수 있죠. 다녀온 곳에 대한 내용들을 글로 옮겨 본다면 그것 또한 좋은 글이 될 것입니다. 책을 보다가 문득 책과 관련된 곳을 다녀오는 것도 좋겠지요.

《우리 몸》을 읽고 난 다음 '인체신비전'에 가서 책에서 본 내용을 좀 더 자세히 관찰해 보는 것도 좋겠지요. 다음은 인체신비전에 다녀온 친구의 글입니다.

 '인체신비전'을 다녀와서

에버랜드에서 주최한 인체신비전에 갔다. '우리 몸'이라는 책을 읽어서 인체에 대한 흥미를 가지고 있었던 터라 무척 흥미로울 것 같았다. 서울에서 본 것을 생각하고 아마도 그것보다는 조금 간단하고 별로 없을 것이라 생각했다. 그러면서도 흥미로울 것 같은 기대를 했다. 다른 아이들은 징그럽다고 하는데 내가 꿈이 의사라 그런지 징그럽지 않고 재미있었다. 처음 들어갔을 때 보니 벌써부터 사람들이 복적거렸다. 거기 붙은 게시판을 보고 싶었지만 보지 못했다. 서로 밀리고 단체로 와서 빨리 가야 했기 때문이다. 자세히 보지 못하는 게 안타까웠다.

그곳에는 풍선으로 만들어진 모형 심장과 모형 위, 모형 내장이 있었다. 모형 심장에 들어갔을 때 정맥, 동맥, 우심실, 좌심실, 우심방, 좌심방이 있었다. 나오고 나서는 이빨, 입술, 귀, 플라스틱 모형을 만져보진 못하고 보았다. 그 다음 대장에 들어갔는데 식도에서 위로 가고 작은창자, 큰창자 속에 미끄럼틀도 있었다. 마지막으로 직장 속에 들어갔다. 음식의 찌꺼기가 변해서 변이 된 게 나라고 생각하니 너무 더러웠다.

이층으로 올라갔다. 그곳에서 본격적으로 기증이 된 사람의 뼈나 내부 기관을 과산화수소에 담가서 박제해 놓은 것을 보았다. 과산화수소를 만지면 손에 붉은 반점이 생기므로 만지면 안 된다고 설명을 해 주셨다. 내가 기증된다면 나의 몸을 함부로 만지면 죽었더라도 기분이 나빴을 것이다. 맨 먼저 뼈를 사람 두개골과 맞춰서 세워 놓았다. 그리고 자세히 보게 하기 위해 각 뼛조각을 다 전시해 놓았다. 그리고 심장, 폐, 흡연자 폐, 간, 쓸개, 위, 대장, 소장 등을 보았다.

1~2개월부터 8개월 된 태아가 이름 모를 액체에 담겨 있었다. 참 조그맣다. 마지막으로 신경으로 된 팔과 다리 모형을 보았다. 우리는 그것을 보고 나왔다. 서울과학관보다 자료가 풍부하진 않았지만 볼 수 있는 것이 달라 신비한 것은 마찬가지였다. 모든 것이 다 놀랍기만 했다.

▶ 책 속에 길이!

● **물고기 박사 최기철 이야기**

이 책에는 여러 가지 민물고기들이 나옵니다. 우리랑 전혀 다른 곳에서 살아가는 물고기들. 관심이 없다면 전혀 볼 수 없습니다. 우리가 가까이 가지 않으면 절대로 가까워질 수 없는 생명이죠.

> 이 책을 읽고 물고기에 대한 지식이 생기면 직접 물고기를 만나러 가 볼까요? 물고기를 만날 수 있는 곳을 다녀와 그 기록을 쓰면 좋은 글이 됩니다.

● **미리 가 본 국립중앙박물관**

세계에서 여섯 번째로 큰 국립중앙박물관이 자랑하는 유물 250여 개를 선정하여 소개하는 책입니다. 유물 하나하나를 선명한 사진으로 보여 주며, 핵심적인 설명을 담고 있지요. 알기 쉽게 그 유물이 만들어진 배경이나 전해지는 이야기도 소개합니다.

> 이 책을 먼저 읽고 보고 싶은 곳을 미리 메모해 둔 다음에 국립중앙박물관에 다녀와서 견학기록문을 써 봅니다. 국립중앙박물관은 굉장히 넓어 미리 준비하지 않으면 많은 것을 볼 수 없을지도 몰라요.

제4장

원고지 바르게 쓰는 법

글을 쓸 때 맞춤법에 맞게 써야 하는 것은 당연한 이야기입니다. 띄어쓰기도 마찬가지로 아주 중요합니다. 특히 원고지에 글을 쓸 때는 정확한 띄어쓰기와 문장부호에 따라 써야 합니다.

아이들 앞에 원고지를 놓아 주면 한숨부터 나오는 이유는 뭔가를 써야 한다는 부담감 때문입니다. 게다가 띄어쓰기를 비롯한 원고지 쓰는 방법이 너무 복잡하니까요. 쓸 내용을 생각하는 것만으로도 어려운데, 원고지 쓰는 법까지 맞추려다 보니 걱정이 이만저만이 아닌 표정들이군요. 커서 대학생이 되어도 원고지에 글 쓸 일이 많이 있습니다. 지금 제대로 배워 두지 않으면 글쓰기를 정말 싫어하게 될지도 모릅니다. 모든 일이 다 그렇듯이 원고지 쓰는 법도 알고 보면 참 쉽답니다.

하나	왜 원고지에 글을 써야 하나요?
둘	띄어쓰기는 어떻게 하나요?
셋	원고지 첫 장엔 무얼 쓰나요?
넷	문장부호는 어떻게 쓰나요?
다섯	지우개 없이도 글을 고칠 수 있어요.

 왜 원고지에 글을 써야 하나요?

복잡한 원고지 쓰기는 왜 해야 할까요? 원고지는 글의 양을 재는 도구입니다. 우유는 예쁜 팩에 들어 있어요. 200ml, 500ml, 1000ml 팩을 보면 우유의 양이 얼마큼인지 알 수 있고 음료수도 캔이나 페트병에 담겨 있어서 양을 가늠하기 쉽죠.

원고지는 똑같은 소재로 글을 썼을 때 얼마큼 썼는지 알 수 있는 기준이 됩니다. 사람마다 글씨체도 다르고 크기도 따르기 때문에 그냥 줄노트나 복사용지에 마음대로 글을 쓰면 얼마큼 썼는지 알 수 없잖아요. 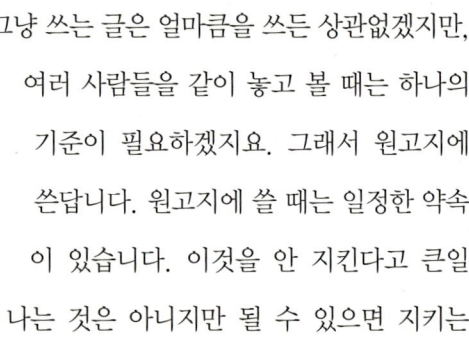 혼자 그냥 쓰는 글은 얼마큼을 쓰든 상관없겠지만, 여러 사람들을 같이 놓고 볼 때는 하나의 기준이 필요하겠지요. 그래서 원고지에 쓴답니다. 원고지에 쓸 때는 일정한 약속이 있습니다. 이것을 안 지킨다고 큰일 나는 것은 아니지만 될 수 있으면 지키는 것이 좋겠지요.

 ## 띄어쓰기는 어떻게 하나요?

원고지에 쓸 때 가장 신경 써야 하는 것이 띄어쓰기입니다. 어디서 띄어야 할지 모른다고요? 그냥 말하듯이 쓰면 됩니다. 우리는 말을 할 때 호흡에 맞게 띄어서 하잖아요. 말을 다 붙여서 하면 말의 뜻이 잘 전달되지 않아요.

한 친구가 학교에서 돌아와 엄마한테 학교에서 있었던 일을 말합니다.

"엄마, 오늘 길에서 이상한 사람을 봤어요."
"엄마오늘길에서이상한사람을봤어요."

위의 두 문장 중에서 어떤 것이 알아듣기 쉬운가요? 당연히 띄어쓰기를 한 문장이지요. 띄어쓰기는 말을 하듯이 끊어서 쓰면 됩니다. '엄마', '오늘', '길', '이상한(이상하다)', '사람', '봤어요(보다)'와 같은 말들을 낱말이라고 합니다. 낱말과 낱말은 기본적으로 띄어 줍니다. 혼자서 뜻이 없는 '에서', '가', '는', '을' 같은 말은 앞의 낱말에 붙여 줍니다. 이 문장을 원고지에 옮겨 볼까요?

	엄	마	,		오	늘		길	에	서		이	상	한		사	람	을		봤
어	요	.																		

원고지는 글씨의 크기와 상관없이 한 칸에 한 자를 씁니다. 글씨가 작다고 두 자를 쓰거나 글씨가 크다고 두 칸에 한 자를 쓰지는 않습니다.

	원	고	지	에		쓸		때	는		한		칸	에		한		자	만	
씁	니	다	.																	

예외는 있어요. 바로 영어의 소문자와 숫자입니다. 알파벳 소문자와 숫자의 경우는 한 칸에 두 자를 씁니다.

	20	10	년		5	월		13	일		영	어		단	어	를		배	웠
다	.	그	것	은		공	부	라	는		단	어	인		st	ud	y	였	다

원고지 맨 뒤 칸에서 단어가 끝나 띄어 주어야 할 때는 다음 줄의 앞 칸을 비우는 것이 아니라 맨 뒤 칸 옆에 띄어쓰기 표시(✓)를 해 두고 다음 줄 첫 칸부터 글을 이어 씁니다. 하나의 문단 내에서는 처음 시작을 제외하고는 절대로 첫 칸을 띄우면 안 됩니다.

	나	는		언	제	나		책		생	각	을		하	면		기	분	이	✓
좋	다	.																		

시의 경우 각 행은 두 칸을 띄어 두고 씁니다. 연과 연 사이는 한 줄을 띄어 줍니다. 행이 아직 끝나지 않았다면 새로 시작하는 줄의 한 칸만 띄우고 씁니다.

		시	멘	트		운	전	사										
		밀	가	루		운	전	사										
		오	줌		누	다		차		잘	못		바	꿔		탔	다	네	.
		밀	가	루		운	전	사										
		시	멘	트	를		밀	가	루	라	고		과	자		만	들	게
	하	다	가															

 ## 원고지 첫 장엔 무얼 쓰나요?

원고지 첫 장 맨 윗줄에는 글의 종류를 씁니다. 한 칸을 띄우고 그 다음 칸부터 씁니다. 지금 쓰는 이 글이 독서감상문인지, 생활문인지, 주장하는 글인지, 설명문인지, 기행문인지 밝혀 씁니다.

		<	독	서	감	상	문	>								

두 번째 줄에는 제목을 쓰는데 제목은 가운데에 위치하게 합니다.

						우	리		할	아	버	지				

두 글자의 제목일 경우는 가운데 한 자씩 나누어 주기도 합니다.

							친		구							

독서감상문의 경우는 두 줄 제목을 쓰는데 첫 줄에는 자기 제목을, 두 번째 줄에는 책 제목을 적어 줍니다.

자신이 지은 제목이 '땅은 소중해요'이고 책 제목이 '살아 있는 땅'이라면 아래와 같이 씁니다.

	〈	독	서	감	상	문	〉												
					땅	은		소	중	해	요								
			'	살	아		있	는		땅	'	을		읽	고				

그 다음 줄에 자신의 소속을 밝혀 줍니다. 학생이니까 학교가 되겠지요. 학교를 쓸 때는 뒤에 세 칸 정도 남겨 둡니다. 그 다음 줄에 학년과 반을 쓰는데 역시 세 칸 정도 남겨 둡니다.

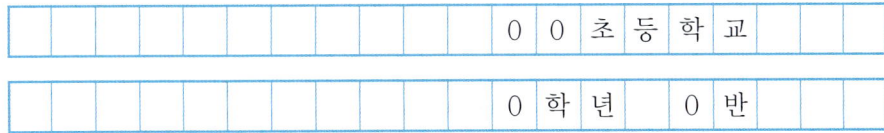

그리고 다음 줄에 이름을 적습니다. 이름은 뒤에 두 칸만 남겨 둡니다. 이름을 적을 때는 성과 이름을 붙여 적습니다.

| | | | | | | | | | | | | | | | | 김 | 예 | 림 | |

하지만 성과 이름이 구분이 안 가는 특별한 경우는 이름과 성을 띄어 씁니다. 이름이 외자이거나 성이 두 자씩이거나 성이 세 자일 때입니다.

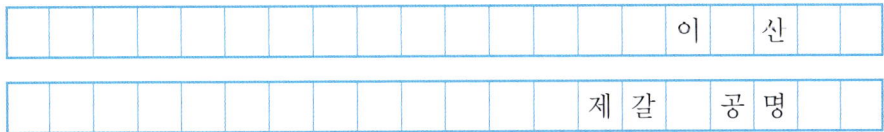

| | | | | | | | | 독 | 고 | 탁 | |

이름을 쓴 다음 줄은 비워 두고 그 다음 줄에서부터 글을 시작합니다.

| | | | | | | | 김 | 예 | 림 | |

글이 시작되면 첫 칸은 띄어 줍니다.

| | 나 | 는 | | 이 | | 세 | 상 | 에 | | 책 | 이 | | 있 | 어 | 서 | | 참 | | 좋 |
| 다 | . |

그리고 내용이 바뀌거나 대화글을 쓸 때도 첫 칸은 비워 둡니다.

| | " | 오 | 늘 | | 우 | 리 | | 집 | 에 | | 같 | 이 | | 갈 | 래 | ? | " |

첫 칸이 비워진 것만 보아도 글의 짜임을 알 수 있도록 합니다. 첫 칸이 네 개 비워져 있다면 네 문단짜리 글이 됩니다.

넷 문장부호는 어떻게 쓰나요?

문장부호는 글을 더 명확하게 만들어 줍니다. 직접 말을 할 때는 분위기도 있고 얼굴 표정도 있지만 글은 글만으로 정확히 전달이 되어야 하기 때문에 적절한 문장부호의 사용이 중요하답니다. 문장부호의 종류는 다음과 같아요.

① **온점(.)** : 문장이 끝났을 때나 약자 뒤에 씁니다.
  예) • 나는 책이 참 좋다.
  　　• 2010. 6. 25.
  　　• NO.

② **가운뎃점(·)** : 열거된 말들이 대등하거나 밀접한 관계일 때 씁니다. 쉼표로 열거된 어구가 다시 여러 단위로 나누어질 때나 두 숫자로 된 말에도 씁니다.
  예) • 6·25전쟁 / 8·15 광복절

• 나는 수학·과학 수업보다 국어·미술 수업이 더 좋다.

③ 반점(,) : 부르는 말이나 대답하는 말 뒤에 쓰거나, 짧은 휴식을 나타낼 때, 짝을 지어 구분할 때, 같은 자격의 어구가 나열될 때 씁니다. 쉼표라고도 합니다.
예) • 내가 좋아하는 책은 동화책, 만화책, 그림책이다.
• 얘야, 왜 울고 있니?

④ 말줄임표(……) : 침묵을 나타낼 때나 뒷말을 줄일 때 씁니다.
예) • "……."
• 그건 제가 한 게…….

⑤ 작은따옴표(' ') : 마음속으로 생각한 말을 쓸 때와 남의 말을 따온 말을 대화속에 넣을 때 씁니다.
예) • '나도 선생님께 칭찬 받고 싶다.'고 생각했다.
• "옛말에 '하늘이 무너져도 솟아날 구멍이 있다.'는 말이 있습니다. 어려운 때일수록 힘을 내야 합니다."

⑥ 큰따옴표(" ") : 직접 대화글을 나타낼 때와 남의 말을 인용할 때, 동물의 소리 등을 나타낼 때 씁니다.

예) • "예림아, 학교에 같이 가자."고 말했다. 예림이는 "그래. 내일 아침에 여기서 만나." 하고 대답했다.

• 선생님이 오늘 공부 시간에 "숙제를 안 해 오면 혼낼 테니 숙제를 꼭 해오도록 해라."고 말씀하셨다.

⑦ **느낌표(!)** : 감탄이나 명령같이 강한 느낌의 문장에는 어디든지 쓸 수 있어요.

예) • 야, 거기 서!

• 와, 이 꽃 진짜 예쁘다!

⑧ **물음표(?)** : 의심이 가거나 질문을 할 때 씁니다.

예) • 그거 맞아?

• 이 책에서 나타내고자 한 것은 무엇일까요?

⑨ **쌍점(:)** : 시간 표시를 할 때, 둘 이상을 대비할 때, 점수 비교를 숫자로 표시할 때, 포함되는 종류를 늘어놓을 때, 뒤에 간단한 설명이 붙을 때, 지은이 다음에 책 이름을 적을 때, 말하는 사람과 대화가 나올 때 씁니다.

예) • 12 : 30

• 국적 : 대한민국

• 소영 : 선생님, 안녕하세요? / 선생님 : 그래, 어서 와라.

• 일시 : 2010년 6월 29일 오후 1시

⑩ **빗금표(/)** : 시에서 행이 바뀌는 것을 한 줄에 쓸 때나 수학의 분수를 한 줄에 나타낼 때, 대응하거나 대등한 것을 함께 보이는 낱말 사이에 씁니다.

예) • 달랑달랑 / 꼬리치며 / 졸랑졸랑 / 따라오고
- 1/2
- 삼만 오천 원 / 35,000원
- 책 읽는 사람 / 책 안 읽는 사람

원고지에 글을 쓸 때는 문장부호도 하나의 글자로 보아 한 칸에 하나만 씁니다. 그중에서 온점(.)과 반점(,)은 글자 다음 칸에 쓰되 그 다음 칸은 비우지 않습니다.

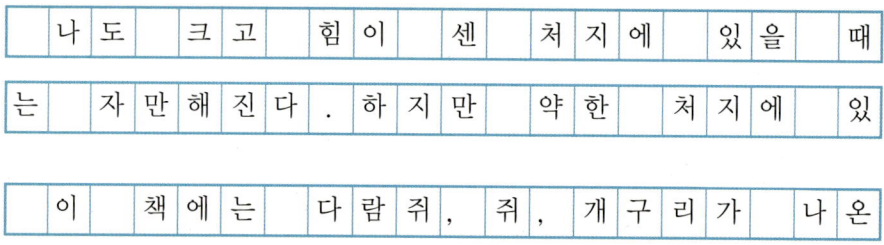

물음표(?)나 느낌표(!)의 경우는 다음 칸을 비웁니다

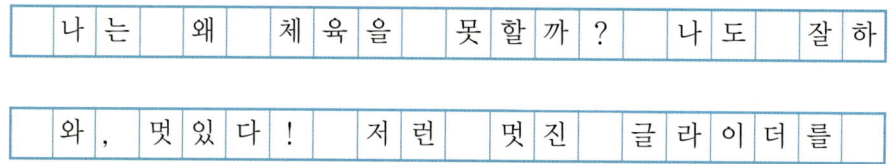

말줄임표는 한 칸에 점 세 개씩 두 칸에 걸쳐서 씁니다.

| 　 | 내 | 가 | 　 | 좀 | 　 | 더 | 　 | 열 | 심 | 히 | 　 | 했 | 더 | 라 | 면 | … | …. | 　 | 　 |

따옴표를 쓸 때는 온점은 따옴표와 같이 쓰고 느낌표나 물음표는 다음 칸에 써 줍니다.

	"	먼	저		릴	레	이		하	겠	어	요	."						
	"	시	작	!	"														
	"	잘	할		수		있	을	까	?	"								

가운뎃점(·)과 쌍점(:)은 한 칸에 써 줍니다.

| 　 | 나 | 는 | 　 | 사 | 과 | · | 배 | · | 딸 | 기 | 를 | 　 | 좋 | 아 | 한 | 다 | . | 　 | 　 |
| 　 | 국 | 적 | : | 대 | 한 | 민 | 국 | 　 | 　 | 　 | 　 | 　 | 　 | 　 | 　 | 　 | 　 | 　 | 　 |

괄호는 같은 종류끼리 묶거나 풀이할 때 쓰는데, 원고지 한 칸에 써 줍니다.

| 　 | 결 | 초 | 보 | 은 | (| 풀 | 을 | 　 | 묶 | 어 | 　 | 은 | 혜 | 를 | 　 | 갚 | 음 |) | 　 |

 ## 지우개 없이도 글을 고칠 수 있어요.

　원고지를 쓸 때 좋은 점은 교정부호를 사용해서 글을 고칠 수 있다는 거예요. 이미 다 써 놓았는데 지우개로 지우고 다시 쓴다면 그 칸에 맞게 다시 써질지 걱정이 되지요. 다 써 놓은 다음에 글을 고칠 곳이 나와 원고지 중간을 쓱 지웠는데, 다시 쓰고 싶은 글이 더 많을 수도 있잖아요. 또 다시 쓴 것보다 먼저 떠오른 생각이 더 좋을 수도 있는데 지워 버리면 알 수가 없잖아요.

　원고지에 쓴 글은 지우개로 지우기보다는 교정부호를 사용해 고친다면 몇 번이고 읽으면서 고칠 수 있답니다. 편리한 교정부호에 대해 알아볼까요?

- 한참 쓰다 보니 띄어쓰기를 안 했네요. 지우자니 아깝잖아요. 그럴 때는 ✓를 해 줍니다. 바로 띄어쓰기 표시입니다.

- 띄어쓰기를 너무 신경 쓰다 보니 안 띄어도 되는 곳을 띄어 썼을 수도 있지요. 이럴 때는 ⌢붙여쓰기 표시를 하면 됩니다.

- 너무 바빠 쓰다 보니 글자가 빠질 수도 있지요. 그럴 때는 ∨, ⌣ 를 합니다.
- 여러 글자를 고칠 때는 ⌣⁄ 를 해 줍니다.

- 한 글자를 두 번 썼을 수도 있고 필요 없는 글자가 들어가 있을 수도 있지요. 그럴 때는 ⌀ 를 해 줍니다. 이 글자는 필요 없으니 빼겠다는 뜻입니다.

- 쓸 때는 몰랐는데 다시 보니 틀린 글자도 있을 수 있고요. 그럴 때는 ⌀ 를 한 다음 맞는 자를 써 줍니다.

- 필요 없이 줄을 바꾸었을 때도 있어요. 그럴 때는 이어 주라는 표시로 ⌒ 를 합니다.

- 앞과 뒤의 글자나 말을 바꿀 때는 ⌒ 를 해 줍니다.

- 읽어 보니 내용이 바뀌어 줄을 바꿔야 할 필요가 있을 때도 있지요. 그럴 때는 ⌐ 를 해 줍니다.

- 내용이 바뀌는데 첫 번째 칸을 비우지 않았을 수도 있고 쓸데없이 비웠을 때도 있죠. 그럴 때는 ⌊ 와 ⌋ 를 이용해 바꿔 봅니다. ⌊ 는 한 줄 다 오른쪽으로 보내세요. ⌋ 는 한 줄 다 왼쪽으로 보내세요. 그런 표시랍니다.

그러고 보니 원고지에 쓰는 것이 더 편할 수도 있어요. 지우개도 필요 없고 글을 얼마큼 썼는지 살펴볼 수 있으니 말이에요. 이제 원고지하고 친구할 수 있겠지요?

 이렇게 고쳤어요!

오늘은 재미 있는 텔레비전을 보았다. 책을 읽었다. 엄마가(께서) 내 생일 산(선)물로 《누가 내 똥 쌌어?》라는 책을 사 주셨다. 어떤 날은 한스의 똥똥이 것같이 나올 때도 있고, 어떤 날은 염소의 것처럼 나올 때가 있다. 갑자기 친구가 부른다. 운동장에서 축구하자고 "야, 빨리 나와." 책도 읽고 싶고 축구도 차(하)고 싶다. 벌써 마음은 운동장에 가 있다.

열린미래를 향한
독서 기록장

| 예 | 금 | 열린미래를 향한 독서사랑 예금 |

| 성 | 명 | |

| 개설일 | 년 월 일 |
| 발행일 | 년 월 일 |

독서은행 (인)

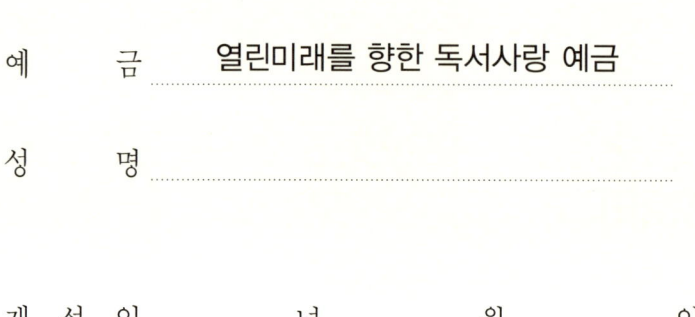

No.	도서명	지은이	출간일	페이지	확인
1					
2					
3					
4					
5					
6					
7					
8					
9					
10					

No.	도서명	지은이	출간일	페이지	확인
11					
12					
13					
14					
15					
16					
17					
18					
19					
20					

No.	도서명	지은이	출간일	페이지	확인
21					
22					
23					
24					
25					
26					
27					
28					
29					
30					

도서명		지은이	
출판사		출간일		독서기간	~

✏️ **1.** 책을 읽기 전에, 제목과 차례를 본 후 책의 내용을 스스로 상상해서 적어 보세요.

-
-
-
-
-
-

✏️ **2.** 책을 읽으면서, 책에 실려 있는 중요 어휘나 핵심 단어를 기록해 주세요.

◉	◉	◉	◉

✏️ **3.** 독서 개념지도 만들기 (마인드맵)
　　　책을 읽은 후, 내용을 알 수 있게 정리된 간략한 생각지도를 그려 보세요.

4. 앞의 내용을 바탕으로 독서감상문을 써 주세요.

도서명		지은이	
출판사		출간일		독서기간	~

1. 책을 읽기 전에, 제목과 차례를 본 후 책의 내용을 스스로 상상해서 적어 보세요.

-
-
-
-
-
-

2. 책을 읽으면서, 책에 실려 있는 중요 어휘나 핵심 단어를 기록해 주세요.

◉	◉	◉	◉

3. 독서 개념지도 만들기 (마인드맵)
책을 읽은 후, 내용을 알 수 있게 정리된 간략한 생각지도를 그려 보세요.

4. 앞의 내용을 바탕으로 독서감상문을 써 주세요.

도서명				지은이	
출판사		출간일		독서기간	~

 1. 책을 읽기 전에, 제목과 차례를 본 후 책의 내용을 스스로 상상해서 적어 보세요.

-
-
-
-
-
-

 2. 책을 읽으면서, 책에 실려 있는 중요 어휘나 핵심 단어를 기록해 주세요.

◉	◉	◉	◉

3. 독서 개념지도 만들기 (마인드맵)
책을 읽은 후, 내용을 알 수 있게 정리된 간략한 생각지도를 그려 보세요.

4. 앞의 내용을 바탕으로 독서감상문을 써 주세요.

도서명			지은이	
출판사		출간일	독서기간	~

✏️ **1.** 책을 읽기 전에, 제목과 차례를 본 후 책의 내용을 스스로 상상해서 적어 보세요.

- ....
- ....
- ....
- ....
- ....
- ....

✏️ **2.** 책을 읽으면서, 책에 실려 있는 중요 어휘나 핵심 단어를 기록해 주세요.

◉	◉	◉	◉

✏️ **3.** 독서 개념지도 만들기 (마인드맵)
　　책을 읽은 후, 내용을 알 수 있게 정리된 간략한 생각지도를 그려 보세요.

4. 앞의 내용을 바탕으로 독서감상문을 써 주세요.

도서명			지은이	
출판사		출간일	독서기간	~

 1. 책을 읽기 전에, 제목과 차례를 본 후 책의 내용을 스스로 상상해서 적어 보세요.

 2. 책을 읽으면서, 책에 실려 있는 중요 어휘나 핵심 단어를 기록해 주세요.

 3. 독서 개념지도 만들기 (마인드맵)
책을 읽은 후, 내용을 알 수 있게 정리된 간략한 생각지도를 그려 보세요.

4. 앞의 내용을 바탕으로 독서감상문을 써 주세요.

도서명			지은이	
출판사		출간일	독서기간	~

1. 책을 읽기 전에, 제목과 차례를 본 후 책의 내용을 스스로 상상해서 적어 보세요.

-
-
-
-
-
-

2. 책을 읽으면서, 책에 실려 있는 중요 어휘나 핵심 단어를 기록해 주세요.

◉	◉	◉	◉

3. 독서 개념지도 만들기 (마인드맵)
　　책을 읽은 후, 내용을 알 수 있게 정리된 간략한 생각지도를 그려 보세요.

4. 앞의 내용을 바탕으로 독서감상문을 써 주세요.

도서명			지은이	
출판사		출간일	독서기간	~

✏️ **1.** 책을 읽기 전에, 제목과 차례를 본 후 책의 내용을 스스로 상상해서 적어 보세요.

-
-
-
-
-
-

✏️ **2.** 책을 읽으면서, 책에 실려 있는 중요 어휘나 핵심 단어를 기록해 주세요.

◉	◉	◉	◉

✏️ **3.** 독서 개념지도 만들기 (마인드맵)
　　　책을 읽은 후, 내용을 알 수 있게 정리된 간략한 생각지도를 그려 보세요.

4. 앞의 내용을 바탕으로 독서감상문을 써 주세요.

도서명			지은이	
출판사		출간일	독서기간	~

1. 책을 읽기 전에, 제목과 차례를 본 후 책의 내용을 스스로 상상해서 적어 보세요.

2. 책을 읽으면서, 책에 실려 있는 중요 어휘나 핵심 단어를 기록해 주세요.

3. 독서 개념지도 만들기 (마인드맵)
책을 읽은 후, 내용을 알 수 있게 정리된 간략한 생각지도를 그려 보세요.

4. 앞의 내용을 바탕으로 독서감상문을 써 주세요.

도서명				지은이	
출판사		출간일		독서기간	~

1. 책을 읽기 전에, 제목과 차례를 본 후 책의 내용을 스스로 상상해서 적어 보세요.

-
-
-
-
-
-

2. 책을 읽으면서, 책에 실려 있는 중요 어휘나 핵심 단어를 기록해 주세요.

◉	◉	◉	◉

3. 독서 개념지도 만들기 (마인드맵)
　　책을 읽은 후, 내용을 알 수 있게 정리된 간략한 생각지도를 그려 보세요.

4. 앞의 내용을 바탕으로 독서감상문을 써 주세요.

도서명			지은이	
출판사		출간일	독서기간	~

 1. 책을 읽기 전에, 제목과 차례를 본 후 책의 내용을 스스로 상상해서 적어 보세요.

 2. 책을 읽으면서, 책에 실려 있는 중요 어휘나 핵심 단어를 기록해 주세요.

3. 독서 개념지도 만들기 (마인드맵)
　　 책을 읽은 후, 내용을 알 수 있게 정리된 간략한 생각지도를 그려 보세요.

4. 앞의 내용을 바탕으로 독서감상문을 써 주세요.

도서명		지은이	
출판사		출간일		독서기간	~

✏️ **1.** 책을 읽기 전에, 제목과 차례를 본 후 책의 내용을 스스로 상상해서 적어 보세요.

✏️ **2.** 책을 읽으면서, 책에 실려 있는 중요 어휘나 핵심 단어를 기록해 주세요.

✏️ **3. 독서 개념지도 만들기 (마인드맵)**
책을 읽은 후, 내용을 알 수 있게 정리된 간략한 생각지도를 그려 보세요.

4. 앞의 내용을 바탕으로 독서감상문을 써 주세요.

도서명				지은이	
출판사		출간일		독서기간	~

1. 책을 읽기 전에, 제목과 차례를 본 후 책의 내용을 스스로 상상해서 적어 보세요.

2. 책을 읽으면서, 책에 실려 있는 중요 어휘나 핵심 단어를 기록해 주세요.

3. 독서 개념지도 만들기 (마인드맵)
책을 읽은 후, 내용을 알 수 있게 정리된 간략한 생각지도를 그려 보세요.

4. 앞의 내용을 바탕으로 독서감상문을 써 주세요.

도서명			지은이	
출판사		출간일	독서기간	~

1. 책을 읽기 전에, 제목과 차례를 본 후 책의 내용을 스스로 상상해서 적어 보세요.

-
-
-
-
-
-

2. 책을 읽으면서, 책에 실려 있는 중요 어휘나 핵심 단어를 기록해 주세요.

◉	◉	◉	◉

3. 독서 개념지도 만들기 (마인드맵)
책을 읽은 후, 내용을 알 수 있게 정리된 간략한 생각지도를 그려 보세요.

4. 앞의 내용을 바탕으로 독서감상문을 써 주세요.

도서명			지은이	
출판사		출간일	독서기간	~

1. 책을 읽기 전에, 제목과 차례를 본 후 책의 내용을 스스로 상상해서 적어 보세요.

-
-
-
-
-
-

2. 책을 읽으면서, 책에 실려 있는 중요 어휘나 핵심 단어를 기록해 주세요.

●	●	●	●

3. 독서 개념지도 만들기 (마인드맵)
책을 읽은 후, 내용을 알 수 있게 정리된 간략한 생각지도를 그려 보세요.

4. 앞의 내용을 바탕으로 독서감상문을 써 주세요.

도서명			지은이	
출판사		출간일	독서기간	~

✏️ **1.** 책을 읽기 전에, 제목과 차례를 본 후 책의 내용을 스스로 상상해서 적어 보세요.

-
-
-
-
-
-

✏️ **2.** 책을 읽으면서, 책에 실려 있는 중요 어휘나 핵심 단어를 기록해 주세요.

◉	◉	◉	◉

✏️ **3.** 독서 개념지도 만들기 (마인드맵)
　　　책을 읽은 후, 내용을 알 수 있게 정리된 간략한 생각지도를 그려 보세요.

4. 앞의 내용을 바탕으로 독서감상문을 써 주세요.

도서명			지은이	
출판사		출간일	독서기간	~

1. 책을 읽기 전에, 제목과 차례를 본 후 책의 내용을 스스로 상상해서 적어 보세요.

-
-
-
-
-
-

2. 책을 읽으면서, 책에 실려 있는 중요 어휘나 핵심 단어를 기록해 주세요.

◉	◉	◉	◉

3. 독서 개념지도 만들기 (마인드맵)
책을 읽은 후, 내용을 알 수 있게 정리된 간략한 생각지도를 그려 보세요.

4. 앞의 내용을 바탕으로 독서감상문을 써 주세요.

도서명				지은이	
출판사		출간일		독서기간	~

✏️ **1.** 책을 읽기 전에, 제목과 차례를 본 후 책의 내용을 스스로 상상해서 적어 보세요.

-
-
-
-
-
-

✏️ **2.** 책을 읽으면서, 책에 실려 있는 중요 어휘나 핵심 단어를 기록해 주세요.

◉	◉	◉	◉

✏️ **3.** 독서 개념지도 만들기 (마인드맵)
　　　책을 읽은 후, 내용을 알 수 있게 정리된 간략한 생각지도를 그려 보세요.

4. 앞의 내용을 바탕으로 독서감상문을 써 주세요.

도서명			지은이	
출판사		출간일	독서기간	~

✏️ **1.** 책을 읽기 전에, 제목과 차례를 본 후 책의 내용을 스스로 상상해서 적어 보세요.

-
-
-
-
-
-

✏️ **2.** 책을 읽으면서, 책에 실려 있는 중요 어휘나 핵심 단어를 기록해 주세요.

◉	◉	◉	◉

✏️ **3.** 독서 개념지도 만들기 (마인드맵)
　　 책을 읽은 후, 내용을 알 수 있게 정리된 간략한 생각지도를 그려 보세요.

4. 앞의 내용을 바탕으로 독서감상문을 써 주세요.

도서명				지은이	
출판사		출간일		독서기간	~

1. 책을 읽기 전에, 제목과 차례를 본 후 책의 내용을 스스로 상상해서 적어 보세요.

2. 책을 읽으면서, 책에 실려 있는 중요 어휘나 핵심 단어를 기록해 주세요.

3. 독서 개념지도 만들기 (마인드맵)
책을 읽은 후, 내용을 알 수 있게 정리된 간략한 생각지도를 그려 보세요.

4. 앞의 내용을 바탕으로 독서감상문을 써 주세요.

도서명			지은이	
출판사		출간일	독서기간	~

1. 책을 읽기 전에, 제목과 차례를 본 후 책의 내용을 스스로 상상해서 적어 보세요.

2. 책을 읽으면서, 책에 실려 있는 중요 어휘나 핵심 단어를 기록해 주세요.

◉	◉	◉	◉

3. 독서 개념지도 만들기 (마인드맵)
책을 읽은 후, 내용을 알 수 있게 정리된 간략한 생각지도를 그려 보세요.

4. 앞의 내용을 바탕으로 독서감상문을 써 주세요.

도서명		지은이	
출판사		출간일		독서기간	~

1. 책을 읽기 전에, 제목과 차례를 본 후 책의 내용을 스스로 상상해서 적어 보세요.

-
-
-
-
-
-

2. 책을 읽으면서, 책에 실려 있는 중요 어휘나 핵심 단어를 기록해 주세요.

●	●	●	●

3. 독서 개념지도 만들기 (마인드맵)
  책을 읽은 후, 내용을 알 수 있게 정리된 간략한 생각지도를 그려 보세요.

4. 앞의 내용을 바탕으로 독서감상문을 써 주세요.

도서명		지은이	
출판사	출간일	독서기간	~

✏️ **1.** 책을 읽기 전에, 제목과 차례를 본 후 책의 내용을 스스로 상상해서 적어 보세요.

✏️ **2.** 책을 읽으면서, 책에 실려 있는 중요 어휘나 핵심 단어를 기록해 주세요.

⦿	⦿	⦿	⦿

✏️ **3.** 독서 개념지도 만들기 (마인드맵)
책을 읽은 후, 내용을 알 수 있게 정리된 간략한 생각지도를 그려 보세요.

4. 앞의 내용을 바탕으로 독서감상문을 써 주세요.

도서명		지은이	
출판사		출간일		독서기간	~

1. 책을 읽기 전에, 제목과 차례를 본 후 책의 내용을 스스로 상상해서 적어 보세요.

2. 책을 읽으면서, 책에 실려 있는 중요 어휘나 핵심 단어를 기록해 주세요.

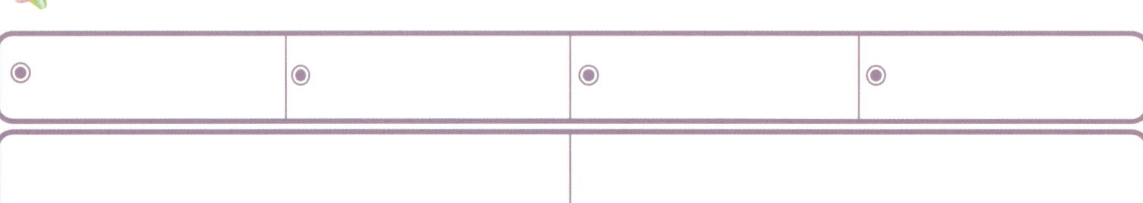

3. 독서 개념지도 만들기 (마인드맵)
책을 읽은 후, 내용을 알 수 있게 정리된 간략한 생각지도를 그려 보세요.

4. 앞의 내용을 바탕으로 독서감상문을 써 주세요.

도서명		지은이	
출판사		출간일		독서기간	~

 1. 책을 읽기 전에, 제목과 차례를 본 후 책의 내용을 스스로 상상해서 적어 보세요.

 2. 책을 읽으면서, 책에 실려 있는 중요 어휘나 핵심 단어를 기록해 주세요.

◉	◉	◉	◉

3. 독서 개념지도 만들기 (마인드맵)
책을 읽은 후, 내용을 알 수 있게 정리된 간략한 생각지도를 그려 보세요.

4. 앞의 내용을 바탕으로 독서감상문을 써 주세요.

도서명		지은이	
출판사	출간일	독서기간	~

 1. 책을 읽기 전에, 제목과 차례를 본 후 책의 내용을 스스로 상상해서 적어 보세요.

 2. 책을 읽으면서, 책에 실려 있는 중요 어휘나 핵심 단어를 기록해 주세요.

 3. 독서 개념지도 만들기 (마인드맵)
　　　책을 읽은 후, 내용을 알 수 있게 정리된 간략한 생각지도를 그려 보세요.

4. 앞의 내용을 바탕으로 독서감상문을 써 주세요.

도서명		지은이	
출판사	출간일	독서기간	~

1. 책을 읽기 전에, 제목과 차례를 본 후 책의 내용을 스스로 상상해서 적어 보세요.

2. 책을 읽으면서, 책에 실려 있는 중요 어휘나 핵심 단어를 기록해 주세요.

◉	◉	◉	◉

3. 독서 개념지도 만들기 (마인드맵)
책을 읽은 후, 내용을 알 수 있게 정리된 간략한 생각지도를 그려 보세요.

4. 앞의 내용을 바탕으로 독서감상문을 써 주세요.

도서명			지은이	
출판사		출간일	독서기간	~

1. 책을 읽기 전에, 제목과 차례를 본 후 책의 내용을 스스로 상상해서 적어 보세요.

2. 책을 읽으면서, 책에 실려 있는 중요 어휘나 핵심 단어를 기록해 주세요.

◉	◉	◉	◉

3. 독서 개념지도 만들기 (마인드맵)
책을 읽은 후, 내용을 알 수 있게 정리된 간략한 생각지도를 그려 보세요.

4. 앞의 내용을 바탕으로 독서감상문을 써 주세요.

도서명		지은이	
출판사		출간일	
		독서기간	~

1. 책을 읽기 전에, 제목과 차례를 본 후 책의 내용을 스스로 상상해서 적어 보세요.

2. 책을 읽으면서, 책에 실려 있는 중요 어휘나 핵심 단어를 기록해 주세요.

3. 독서 개념지도 만들기 (마인드맵)
책을 읽은 후, 내용을 알 수 있게 정리된 간략한 생각지도를 그려 보세요.

4. 앞의 내용을 바탕으로 독서감상문을 써 주세요.

도서명		지은이	
출판사	출간일	독서기간	~

✏️ **1.** 책을 읽기 전에, 제목과 차례를 본 후 책의 내용을 스스로 상상해서 적어 보세요.

✏️ **2.** 책을 읽으면서, 책에 실려 있는 중요 어휘나 핵심 단어를 기록해 주세요.

◉	◉	◉	◉

✏️ **3. 독서 개념지도 만들기 (마인드맵)**
  책을 읽은 후, 내용을 알 수 있게 정리된 간략한 생각지도를 그려 보세요.

4. 앞의 내용을 바탕으로 독서감상문을 써 주세요.

도서명		지은이	
출판사		출간일		독서기간	~

1. 책을 읽기 전에, 제목과 차례를 본 후 책의 내용을 스스로 상상해서 적어 보세요.

2. 책을 읽으면서, 책에 실려 있는 중요 어휘나 핵심 단어를 기록해 주세요.

3. 독서 개념지도 만들기 (마인드맵)
책을 읽은 후, 내용을 알 수 있게 정리된 간략한 생각지도를 그려 보세요.

4. 앞의 내용을 바탕으로 독서감상문을 써 주세요.

도서명			지은이	
출판사		출간일	독서기간	~

⭐ **1.** 책을 읽기 전에, 제목과 차례를 본 후 책의 내용을 스스로 상상해서 적어 보세요.

⭐ **2.** 책을 읽으면서, 책에 실려 있는 중요 어휘나 핵심 단어를 기록해 주세요.

◉	◉	◉	◉

⭐ **3.** 독서 개념지도 만들기 (마인드맵)
　　책을 읽은 후, 내용을 알 수 있게 정리된 간략한 생각지도를 그려 보세요.

4. 앞의 내용을 바탕으로 독서감상문을 써 주세요.

도서명			지은이	
출판사		출간일	독서기간	~

1. 책을 읽기 전에, 제목과 차례를 본 후 책의 내용을 스스로 상상해서 적어 보세요.

2. 책을 읽으면서, 책에 실려 있는 중요 어휘나 핵심 단어를 기록해 주세요.

3. 독서 개념지도 만들기 (마인드맵)
책을 읽은 후, 내용을 알 수 있게 정리된 간략한 생각지도를 그려 보세요.

4. 앞의 내용을 바탕으로 독서감상문을 써 주세요.

도서명		지은이	
출판사		출간일		독서기간	~

1. 책을 읽기 전에, 제목과 차례를 본 후 책의 내용을 스스로 상상해서 적어 보세요.

2. 책을 읽으면서, 책에 실려 있는 중요 어휘나 핵심 단어를 기록해 주세요.

◉	◉	◉	◉

3. 독서 개념지도 만들기 (마인드맵)
책을 읽은 후, 내용을 알 수 있게 정리된 간략한 생각지도를 그려 보세요.

4. 앞의 내용을 바탕으로 독서감상문을 써 주세요.

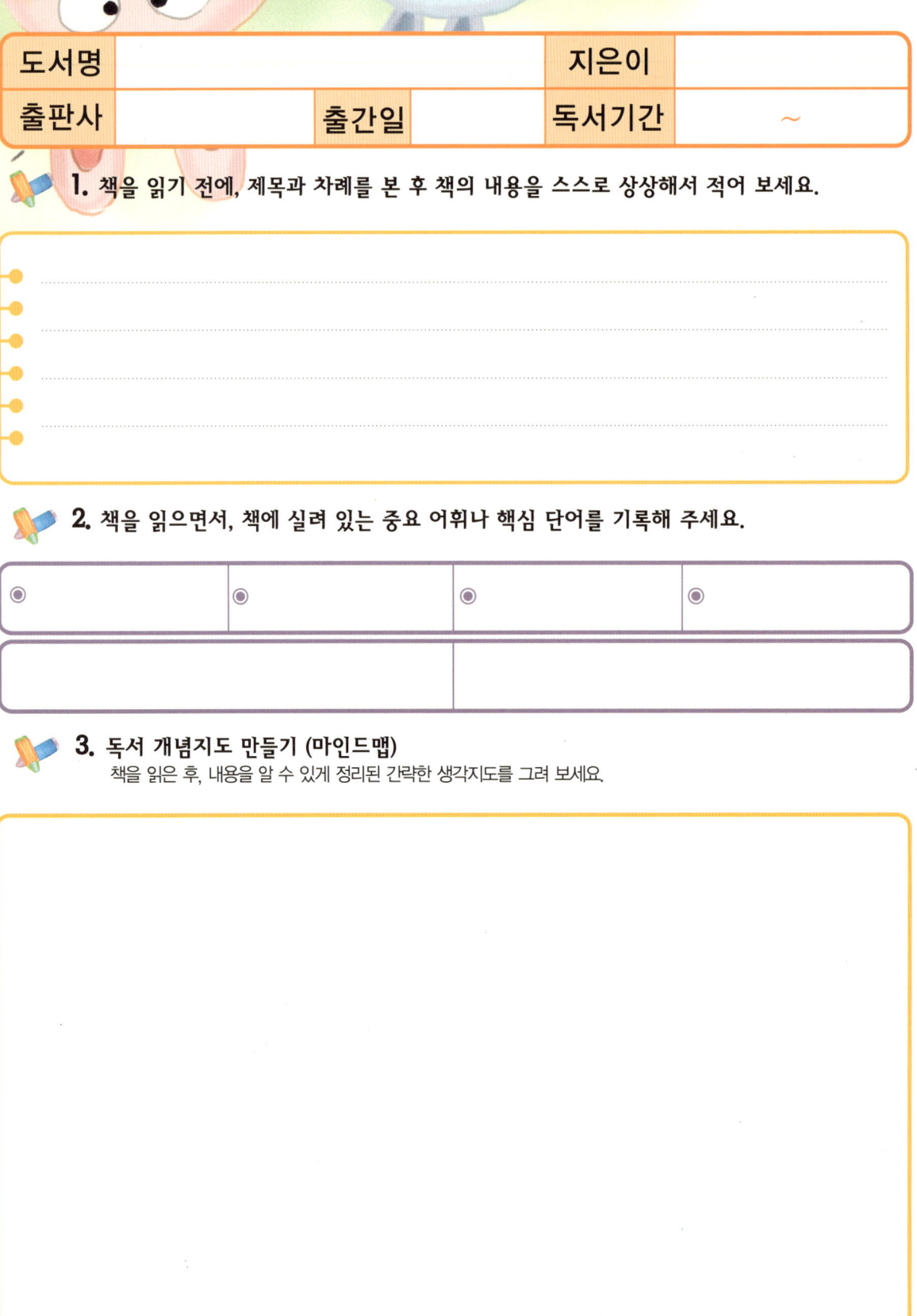

도서명			지은이	
출판사		출간일	독서기간	~

1. 책을 읽기 전에, 제목과 차례를 본 후 책의 내용을 스스로 상상해서 적어 보세요.

2. 책을 읽으면서, 책에 실려 있는 중요 어휘나 핵심 단어를 기록해 주세요.

3. 독서 개념지도 만들기 (마인드맵)
　　책을 읽은 후, 내용을 알 수 있게 정리된 간략한 생각지도를 그려 보세요.

4. 앞의 내용을 바탕으로 독서감상문을 써 주세요.

도서명			지은이	
출판사		출간일	독서기간	~

✏️ **1.** 책을 읽기 전에, 제목과 차례를 본 후 책의 내용을 스스로 상상해서 적어 보세요.

✏️ **2.** 책을 읽으면서, 책에 실려 있는 중요 어휘나 핵심 단어를 기록해 주세요.

◉	◉	◉	◉

✏️ **3.** 독서 개념지도 만들기 (마인드맵)
　　책을 읽은 후, 내용을 알 수 있게 정리된 간략한 생각지도를 그려 보세요.

4. 앞의 내용을 바탕으로 독서감상문을 써 주세요.

도서명		지은이	
출판사		출간일		독서기간	~

1. 책을 읽기 전에, 제목과 차례를 본 후 책의 내용을 스스로 상상해서 적어 보세요.

2. 책을 읽으면서, 책에 실려 있는 중요 어휘나 핵심 단어를 기록해 주세요.

3. 독서 개념지도 만들기 (마인드맵)
책을 읽은 후, 내용을 알 수 있게 정리된 간략한 생각지도를 그려 보세요.

4. 앞의 내용을 바탕으로 독서감상문을 써 주세요.

도서명			지은이	
출판사		출간일	독서기간	~

✏️ **1.** 책을 읽기 전에, 제목과 차례를 본 후 책의 내용을 스스로 상상해서 적어 보세요.

-
-
-
-
-
-

✏️ **2.** 책을 읽으면서, 책에 실려 있는 중요 어휘나 핵심 단어를 기록해 주세요.

◉	◉	◉	◉

✏️ **3.** 독서 개념지도 만들기 (마인드맵)
　　책을 읽은 후, 내용을 알 수 있게 정리된 간략한 생각지도를 그려 보세요.

4. 앞의 내용을 바탕으로 독서감상문을 써 주세요.

도서명			지은이	
출판사		출간일	독서기간	~

1. 책을 읽기 전에, 제목과 차례를 본 후 책의 내용을 스스로 상상해서 적어 보세요.

2. 책을 읽으면서, 책에 실려 있는 중요 어휘나 핵심 단어를 기록해 주세요.

3. 독서 개념지도 만들기 (마인드맵)
책을 읽은 후, 내용을 알 수 있게 정리된 간략한 생각지도를 그려 보세요.

4. 앞의 내용을 바탕으로 독서감상문을 써 주세요.